조선의 국방 의무,
군역

조선의 국방 의무,
군역

초판 1쇄 인쇄 2024년 11월 18일
초판 1쇄 발행 2024년 12월 2일

—

기 획 한국국학진흥원
지은이 송기중
펴낸이 이방원

책임편집 정조연 　　**책임디자인** 박혜옥
마케팅 최성수·김 준 　　**경영지원** 이병은

—

펴낸곳 세창출판사
　　신고번호 제1990-000013호 　**주소** 03736 서울특별시 서대문구 경기대로 58 경기빌딩 602호
　　전화 02-723-8660 　**팩스** 02-720-4579 　**이메일** edit@sechangpub.co.kr 　**홈페이지** http://www.sechangpub.co.kr
　　블로그 blog.naver.com/scpc1992 　**페이스북** fb.me/Sechangofficial 　**인스타그램** @sechang_official

—

ISBN 979-11-6684-369-3 　94910
　　979-11-6684-164-4 　(세트)

한국국학진흥원 전통생활사총서 26

조선의 국방 의무, 군역

송기중 지음
한국국학진흥원 기획

세창출판사

한국국학진흥원에서는 2022년부터 문화체육관광부의 지원으로 전통생활사총서 사업을 기획하였다. 매년 생활사 전문 연구진 20명을 섭외하여 총서를 간행하기로 했다. 지난해에 20종의 총서를 처음으로 선보였다. 전통시대의 생활문화를 대중에 널리 알리기 위한 여정은 계속되어 올해도 20권의 총서를 발간하였다.

한국국학진흥원은 국내에서 가장 많은 약 65만 점에 이르는 민간기록물을 소장하고 있는 기관이다. 대표적인 민간기록물로 일기와 고문서가 있다. 일기는 당시 사람들의 일상을 세밀하게 이해할 수 있는 생활사의 핵심 자료이고, 고문서는 당시 사람들의 경제 활동이나 공동체 운영 등 사회경제상을 이해할 수 있는 자료이다.

한국의 역사는 '조선왕조실록'이나 '승정원일기'와 같이 세계적으로 자랑할 만한 국가기록물의 존재로 인해 중앙을 중심으로 이해되어 왔다. 반면 민간의 일상생활에 대한 이해나 연구는 관심을 덜 받았다. 다행히 한국국학진흥원은 일찍부터 민간에 소장되어 소실 위기에 처한 자료들을 수집하고 보존처리를 통해 관리해 왔다. 또한 이들 자료를 번역하고 연구하여 대중에 공개했다. 이러한 민간기록물을 활용하고 일반에 기여할 수 있는 방법으로 '전통시대 생활상'을 대중서로 집필하여 생생하게 재현하여 전달하고자 했다. 일반인이 쉽게 읽을 수 있는 교양학술총서를 간행한 이유이다.

총서 간행을 위해 일찍부터 생활사의 세부 주제를 발굴하는 전문가 자문회의를 개최하고, 전통시대 한국의 생활문화를 가장 잘 구현할 수 있는 핵심 키워드를 선정하였다. 전통생활사 분류는 인간의 생활을 규정하는 기본 분류인 정치, 경제, 사회, 문화로 지정하였다. 이를 기반으로 매년 각 분야에서 핵심적인 키워드를 선정하여 집필 주제를 정했다. 이번 총서의 키워드는 정치는 '과거 준비와 풍광', 경제는 '국가경제와 민생', 사회는 '소외된 사람들의 삶', 문화는 '교육과 전승'이다.

각 분야마다 5명의 집필진을 해당 어젠다의 전공자로 구성하였다. 어디서나 간단히 들고 다니며 쉽게 읽을 수 있도록 최대한 이야기체 형식으로 서술해 달라고 부탁하였다. 다양한 사례의 풍부한 제시와 전문연구자의 시각이 담겨 있어 전문성도 담보할 수 있는 것이 본 총서의 매력이다.

전문적인 서술로 대중을 만족시키기는 매우 어렵다. 원고

의뢰 이후 5월과 8월에는 각 분야의 전공자를 토론자로 초청하여 2차례의 포럼을 진행하였다. 11월에는 완성된 초고를 바탕으로 1박 2일에 걸친 대규모 학술대회를 개최하였다. 포럼과 학술대회를 바탕으로 원고의 방향과 내용을 점검하는 시간을 가졌다. 원고 수합 이후에는 각 책마다 전문가 3인의 심사의견을 받았다. 2024년에는 출판사를 선정하여 수차례의 교정과 교열을 진행했다. 책이 나오기까지 꼬박 2년의 기간이었다. 짧다면 짧은 기간이다. 그러나 2년의 응축된 시간 동안 꾸준히 검토 과정을 거쳤고, 토론과 교정을 통해 원고의 완성도를 높이기 위해 분주히 노력했다.

전통생활사총서는 국내에서 간행하는 생활사총서로는 가장 방대한 규모이다. 국내에서 전통생활사를 연구하는 학자 대부분을 포함하였다. 2023년도 한 해의 관계자만 연인원 132명에 달하는 명실공히 국내 최대 규모의 생활사 프로젝트이다.

1990년대 이후 폭발적으로 증가했던 일상생활사와 미시사 연구에 대한 학계의 관심이 근래에는 소홀해진 상황이다. 본 총서의 발간이 생활사 연구에 활력을 불어넣는 계기가 되기를 기대한다. 연구의 활성화는 연구자의 양적 증가로 이어지고, 연구의 질적 향상 또한 이끌 것이다. 그렇게 된다면 전통문화에 대한 대중들의 관심 역시 증가할 것으로 기대한다.

본 총서는 한국국학진흥원의 연구 역량을 집적하고 이를 대중에게 소개하기 위해 기획된 대표적인 사업의 하나이다. 참여한 연구자의 대다수가 전통시대 전공자이며 앞으로 수년간 지속적인 간행을 준비하고 있다. 올해에도 20명의 새로운 집필자가 각 어젠다를 중심으로 집필에 들어갔고, 내년에 또 20권의 책이 간행될 예정이다. 앞으로 계획된 총서만 100권에 달하며, 여건이 허락되는 한 지속할 예정이다.

대규모 생활사총서 사업을 지원해 준 문화체육관광부에 감사하며, 본 기획이 가능하게 된 것은 한국국학진흥원에 자료를 기탁해 준 분들 덕분이다. 다시 감사드린다. 아울러 총서 간행에 참여한 집필자, 토론자, 자문위원 등 연구자분들께도 감사 인사를 전한다. 책의 편집을 책임진 세창출판사에도 감사드린다. 이 모든 과정은 한국국학진흥원 여러 구성원의 노력이 있었기에 가능했다.

2024년 11월
한국국학진흥원 인문융합본부

차례

14세기부터 19세기까지 한반도에 존속했던 국가, 조선은 건
국 초부터 다양한 종류의 침입을 받았다. 국초에는 왜구倭寇의
침략이 특히 심했다. 13세기부터 한반도에 나타난 일본 해적인
왜구는 해안 지방뿐 아니라 전 국토를 짓밟았다. 16세기 동아
시아 삼국 전쟁인 임진왜란은 일본이 조선을 침략하면서 시작
된 것이다. 청의 침입인 병자호란도 조선에 씻을 수 없는 흔적
을 남겨 주었다. 그리고 19세기 제국주의의 침략은 조선을 멸
망으로 몰고 간 일대의 사건이었다.

이러한 침입 속에서 조선은 다양한 형태의 군대를 설치하여
유지했다. 이들 군대는 여느 나라의 군대와 마찬가지로 국가의
안녕과 백성의 생명 및 재산을 보호하는 역할을 했다. 우리 민
족의 영웅인 충무공 이순신도 조선의 해군인 수군의 사령관이
었다. 이들 군대를 유지하기 위해서는 많은 인력과 비용이 필요
하다. 조선 정부는 군대에 필요한 인력과 비용을 공식적인 부세
체제를 통해 조달했다.

조선의 부세를 흔히 조용조租庸調라고 부른다. 조租와 조調는

토지세와 공물이라는 물품을 세금으로 바치는 것인 데 비해, 용庸은 주로 노동력을 세금으로 바치는 것으로, 요역과 군역이라는 두 가지로 구분된다. 이 책에서 다루고자 하는 국방의 의무는 바로 군역軍役에 대한 것이다. 현재에는 국방의 의무를 지는 것을 '군대에 간다'라고 언급한다. 군대에 간다는 말에는 군대에 입대해서 군사 업무를 본다는 의미가 내포되어 있음을 보여 준다. 하지만 조선시대에 군역을 진다는 의미는 군대에 가서 군사 업무를 본다는 뜻뿐 아니라, 군대 관련한 세금인 군역세를 내는 것과 노동력을 제공한다는 의미도 포함되어 있다. 물론 현대 군대에서도 병사가 각종 노동에 시달리기는 하지만, 세금은 내지 않는다는 점을 고려해 보면, '군역을 진다'라는 의미는 현대의 '군대에 간다'라는 의미보다 넓은 개념이다. 이런 점을 고려해서 이 책의 제목을 '조선의 국방 의무, 군역'이라고 지었다.

이러한 군대 복무 및 군역세 납부는 백성들의 일상생활과 밀접한 관계가 있었다. 세월의 때가 켜켜이 묻은 고문서를 뒤적이다 보면, 당시 군대 입대나 군역세 부담이 얼마나 가혹했는지 짐작할 수 있다. 이때에는 군역을 회피하거나 도망가는 일이 빈번했다. 황구첨정黃口簽丁, 백골징포白骨徵布 등은 당대 군역 문제의 심각성을 잘 대변한다. 이러한 부담에도 불구하고 조선의 군사 제도가 유지될 수 있었던 이유는 바로 국가를 지키는 최후의 수단이 군대이기 때문이었다. 『조선왕조실록』세종 즉위년 (1418) 10월 19일의 기사에서 병조가 태종에게 장계한 내용을 보면, "국가 통치의 안정성(治安)을 유지하는 방책은 무비武備보다 더 요긴한 것이 없사온데, 나라가 오랫동안 평안하여 백성들은 군대의 일(兵事)을 보지 못하였고, 중외의 관리들은 다만 한 문구文具로만 보게 되니 매우 불안합니다"라고 하였다. 당시 조선 정부가 나라가 평온하더라도 군대는 정비되어 있어야 한다고 생각했음을 알 수 있다.

이 책의 차례는 크게 네 부분으로 구성하고자 한다. 먼저 1장에서는 조선시대 군대의 종류와 설치 시기 및 군역을 지는 방식을 개괄적으로 설명한다. 이를 통해 조선의 군대에는 어떤 종류가 있었고, 어떻게 분류되었는지를 살펴볼 것이다. 이를 바탕으로 2장에서는 군대에 가면 하는 활동들을 훈련, 경호 및 경비, 노역 등으로 나누어서 설명할 것이다. 3장에서는 현재는 없어졌지만 군역의 의무 중 한 형태였던 세금 납부에 대해서 살펴보겠다. 군대에 내는 세금은 그 부담이 병종마다 차이가 있어서 여러 문제의 원인이 되었고, 이러한 부담을 균일하게 하기 위한 노력도 같이 진행되었다. 4장에서는 18-19세기에 군대가 약해진 이유를 살펴보도록 하겠다.

군대와 관련된 이야기라면 어렵다고 생각하는 사람이 상당히 많을 것이다. 특히 군대에 다녀오지 않은 사람이라면, 이 이야기는 더 어려울 수 있다. 아울러 조선시대의 군대 관련 용어는 현대의 군대 관련 용어만큼이나 어렵고 복잡하다. 최대한 쉽게 쓰고자 노력했으나, 그 노력이 얼마나 성공했는지는 모르겠다. 자본주의 사회에 사는 우리가 보기에 조선 군대의 운영 방식은 자못 비합리적으로 느껴질 때도 있을 것이다. 과거의 군사제도와 관련된 방안들이 지금 현대인에게 합리적이지 않다고 느껴지더라도, 당대 현실에서는 합리적인 방안으로 인식되었을 수 있다는 점을 알아주셨으면 좋겠다. 아무쪼록 이 책을 읽고 독자들이 우리 선조들의 군 생활에 대해 조금이라도 쉽게 이해한다면, 이 책은 그 소임을 다한 것으로 생각한다.

1

조선인의 국방 의무,
군역

조선시대의 군사 조직

> 대한민국은 민주공화국이다.
> 대한민국의 주권은 국민에게 있고, 모든 권력은 국민으
> 로부터 나온다.

이는 대한민국 헌법 1조 1항과 2항으로, 대한민국 권력의 원천이 국민에게 있음을 잘 보여 준다. 대한민국 주권의 원천이 국민인 만큼, 대한민국 군대는 주권자인 국민의 생명과 안전을 지키는 것이 중요한 임무가 된다. 이에 비해 우리가 다룰 조선

이라는 나라는 유학을 국가 통치 이념으로 삼아 탄생한 왕조 국가이다. 유학에 따르면, 국왕은 하늘에서 부여받은 천명天命에 따라 백성을 교화하고 다스렸다. 그러므로 국왕은 위로는 하늘의 움직임을 살펴 천명을 인식하고, 아래로는 백성의 삶을 평화롭게 지속시켜야 했다. 조선의 군대는 이러한 권력의 핵심인 국왕을 호위하고 왕권을 지키는 것이 가장 중요한 임무였다.[1]

이러한 군대의 설립 목적은 군대를 분류하는 데도 영향을 주었다. 현대의 군대에는 다양한 분류법이 있지만, 조선의 군대는 중앙군과 지방군이라는 두 가지 부류로 구분하는 것이 보통이다. 이 중 중앙군은 국왕을 호위하고 왕권을 보위하는 업무를 담당했고, 지방군은 영토를 보전하고 외적을 방어하는 업무를 담당했다. 국왕 호위 및 왕권 수호가 영토 보전과 외적 방어보다 우선시되는 사회였던 만큼, 조선의 정예병은 중앙군이었다.

그렇다면, 조선시대에는 어떠한 종류의 중앙군과 지방군이 있었을까? 이를 표로 나타내면 다음과 같다.

분류		조선 전기	조선 후기
중앙군		오위	오군영
지방군	육군	영진군	속오군
	수군	수군	수군

표1 조선의 군대

조선 전기 중앙군은 오위五衛라고 지칭된다. 이 오위는 의흥위, 용양위, 호분위, 충자위, 충무위 등 다섯 개의 위를 의미한다. 이 오위는 여러 가지 제도적인 개편을 통해 1457년(세조 3)에 완성되었다. 오위 밑에는 위마다 다섯 개의 부部가 소속되었다. 부 아래에도 여旅, 오伍 등의 부대 단위가 있었다.

이들 오위에는 가장 고위직인 정3품 상호군上護軍부터 시작해서 종9품 부사용副司勇까지 총 3211명의 관직자가 있었다. 병력으로는 지역의 군사들을 주로 충원한 것으로 보인다. 의흥위에는 한양 중부와 경기·강원·충청·황해도 진관의 병력이, 용양위에는 한양 동부와 경상도 진관의 병력이, 호분위에는 한양 서부와 평안도 진관의 병력이, 충자위에는 한양 남부와 전라도 진관의 병력이, 충무위에는 한양 북부와 함경도 진관의 병력이 속해 있었다.

지방군은 육군과 수군 두 부류로 구분할 수 있다. 이 두 병종은 도道마다 편성되어 있었다. 지방군은 원칙적으로 관찰사, 즉 감사가 지휘했다. 하지만 감사는 도의 행정, 군사, 사법의 최고 책임자였기 때문에 군사 업무만을 전담할 수 없었다. 이에 따라 관찰사의 군사 업무를 보조하고 군대를 실질적으로 지휘할 수 있는 지휘관인 병마절도사(이하 병사)와 수군절도사(이하 수사)가 1명 혹은 2명씩 파견되었다. 이들 병사와 수사가 주둔하는 영을 병영과 수영이라고 불렀다. 병사나 수사는 군현 및 진을 거진과 제진으로 편성하여 통솔하였다. 그리고 이들 진에는 첨절제사(종3품), 동첨절제사(종4품), 만호(종4품), 권관(종9품), 별장(종9품) 등 다양한 품계의 지휘관이 파견되었다. 이들 진은 지휘관의 이름을 따서 첨사진(동첨절제사진 포함), 만호진, 권관진, 별장진 등으로 불렸다.

현대에는 군대와 행정 조직이 분리되어 있지만 조선시대에는 그렇지 않았다. 그러므로 조선시대에는 보통 행정 조직의 수장인 수령이 그 지역에 편성된 영진군의 지휘관이 되었다. 군현의 행정 지휘관인 수령은 보통 첨절제사 등의 군사 지휘관 직책을 겸임하였다. 하지만 군사적으로 중요한 지역이나 너무 궁벽한 곳에 있어 군현을 설치하기 어려운 지역에는 진鎭을 두고 전임 지휘관을 파견하는 사례가 있었다. 북방에는 여진이나 거란 등의 이민족의 침입이 예견됨에 따라서 육군진이 많았고, 연해지역에는 일본군의 침입이 예견되었으므로 수군진이 많았다.

이들 육군진과 수군진은 지금의 군사 기지와 유사한 구조를 가졌다. 기지를 보호할 성벽이 있고 그 안에는 각종 군사 시설이 있었다. 군사 시설은 지휘관이 근무하는 사무실부터 각종 의례가 열리는 건물까지 다양했다. 특히 수군진에는 배가 정박하는 접안 시설도 있었는데, 이 시설을 선소船所라고 한다. 이 선

그림 1 평안도 선천의 검산진(육군진)과 경상도 사량진(수군진), 《1872년 지방지도》의 〈선천부 소속검산진지도〉와 〈사량진도〉, 서울대학교 규장각한국학연구원 소장

소는 주로 자연 방파가 가능한 지역에 설치되었다. 그래야 태풍이 와도 배를 안전하게 보호할 수 있었다.

이러한 오위-영진군-수군으로 구성된 다층적 방어 체제는 16세기에 접어들면서 균열의 조짐이 보였다. 임진왜란은 이러한 군대 구성이 변모한 변곡점이었다. 이 전쟁은 1592년 4월 13일, 육군 약 15만 명, 수군 약 7천 명 규모의 일본군이 부산에 상륙하면서 시작되었다. 조선군은 상륙한 일본군을 성공적으로 방어하지 못했다. 일본군은 상륙한 지 한 달도 못 되어서 수도 한양을 빼앗는 데까지 이르렀다. 위기에 처한 선조는 평양을 거쳐 의주로 피난했고, 전라도를 제외한 조선의 남반부는 일본군의 수중에 넘어가게 되었다.

임진왜란 당시 초기 전투의 패배는 지금까지 조선이 고수했던 전쟁 방식을 가지고서 일본군의 침입을 방어하기는 어렵다는 사실을 알게 해 주었다. 이에 따라 명나라 남병南兵의 전법인 절강병법浙江兵法을 수용하여, 조선의 군대 자체를 재편하였다. 절강병법이 수용된 이유는 임진왜란 당시 큰 전투 중 하나였던 평양성 전투에서 찾을 수 있다. 1차 평양성 전투에서 패배한 후 조선은 평양성을 다시 수복하기 위해 노력했다. 명군이 본격적으로 참전하면서 형성된 조명연합군은 다시 평양성을 공격해 갔다. 하지만 평양성 수복은 쉽지 않았다. 2차 평양성 전투에서

그림 4 《필자미상 평양성탈환도》, 국립중앙박물관 e뮤지엄에서 전재

수복에 실패한 조명연합군은 재차 평양성 공격에 나섰다. 결국 3차 평양성 전투에서는 대승을 거두며 승리하게 되었다.

이 3차 평양성 전투를 참관했던 조선의 대신들은 당시 중국이 사용한 전법이 일본군과의 전투에 상당히 효과적이라는 사실을 알게 되었다. 그리고 그들이 썼던 전법이 절강병법이라는 사실을 아는 데는 그리 오래 걸리지 않았다. 이 절강병법은 명나라 장수인 척계광戚繼光이 중국 남동부에 침입한 왜구를 격퇴

하면서 생긴 경험을 반영한 전법이었다. 절강병법은 부대의 편제, 훈련, 신호 체계 등 군대 운영에 대한 전반적인 내용을 포함하였다.

이 전법의 내용은 『기효신서紀效新書』에 수록되었다. 그러므로 절강병법을 익히기 위해서는 『기효신서』의 명확한 해독이 필수적이었다. 하지만 이 책은 생각보다 해독이 쉽지 않았다. 그 이유는 이 책이 여러 가지 군사 용어가 등장해서 난해한 데에 더해 중국 남부의 사투리로 적혀 있었기 때문이다. 다행히 한교韓嶠 등의 노력으로 책 자체에 대한 해독에는 성공하였다. 하지만 『기효신서』를 해독했다고 하더라도, 이를 곧바로 조선 군대에 적용할 수 있는 것은 아니었다. 이 책의 취지는 살리면서도 조선 군대에 적용할 수 있는 새로운 병법서가 필요했다. 그러한 이유로 만들어진 병서가 바로 『연병실기』, 『병학지남』, 『병학통』 등이다. 이런 책들은 이후에도 계속 발간되어 무반들의 교육에 사용되기도 했다.

절강병법의 부대 편제 방식을 속오법이라고 한다. 속오법은 부대를 영營-부部-사司-초哨-기旗-대隊-오伍라는 단위에 맞추어 편성하는 것을 말한다. 이 편제에서 말한 영, 부 등의 개념은 현대 육군의 군단, 사단, 연대 등의 개념과 비슷하다. 현재에도 그렇듯 각 부대에는 지휘관이 있다. 영장, 천총, 파총 등이 이 부대를 지휘하는 지휘관의 명칭이었다.

그림 5 ﹒ 속오 편제

이러한 속오법을 근간으로 해서 중앙군에는 다섯 개의 군영이 만들어졌다. 이를 보통 오군영이라고 한다. 오군영은 보통 훈련도감, 어영청, 금위영, 총융청, 수어청을 지칭한다. 이 오군영 중에서 가장 먼저 생긴 군문은 훈련도감이다. 이 군문은 임진왜란 도중인 1593년(선조 26)에 설치되었다. 이후 어영청과 총융청, 수어청이 1620년대에 설치된 것으로 추정되고, 금위영이 1682년(숙종 8)에 설치되었다. 오군영 체제가 완비되는 데는 대략 90년이 걸린 것이다. 이 오군영은 다시 수도 한양을 직접 방어하는 훈련도감, 어영청, 금위영 등 세 개 군영과 경기에서 한양 외곽을 방어하는 총융청, 수어청 등 두 개 군영으로 구분할 수 있다. 수도를 방어하는 세 군문만을 일컬어 삼군문三軍門이라고 지칭하기도 한다.

오군영 중에서 가장 정예는 단연 훈련도감이라 할 수 있다. 훈련도감의 지휘관은 훈련대장이다. 훈련대장은 종2품이라는 품계를 가졌으며, 왕을 가까운 거리에서 지키는 만큼 당대 유력 인사가 임명되는 것이 상례였다. 어영청과 금위영의 지휘관은 어영대장과 금위대장이다. 이들도 훈련대장처럼 종2품의 품계를 가졌다. 반면 총융청과 수어청의 지휘관은 총융사와 수어사로, 이들의 품계는 삼군문의 지휘관과 같았지만, 그 위상은 삼군문의 대장보다 낮았던 것으로 생각된다. 이들 오군영의 대장은 정치적인 힘이 막강했다. 서인, 남인 등 붕당은 정권을 잡으면 삼군문의 대장을 자신의 당파 사람으로 임명하기 바빴다.

오군영 중 훈련도감의 편세를 살펴보자. 훈련도감은 크게 보병과 기병 등 두 그룹으로 구성되었다. 보병 부대는 크게 우부와 좌부로 구성되었다. 이들 부部 밑에는 좌사·중사·우사 등 세 개의 사司가 존재했다. 좌사와 우사는 조총으로 무장한 포수 부대였다. 이들 부대 밑에는 다섯 개 초가 있었다. 중사는 칼로 무장한 살수殺手 부대이다. 살수 부대는 세 개의 초로 편성되었다.

오군영이 생기면서 오위의 역할은 점차 오군영이 대체하게 되었다. 그렇다면 조선 전기 군사 조직인 오위는 임진왜란 이후

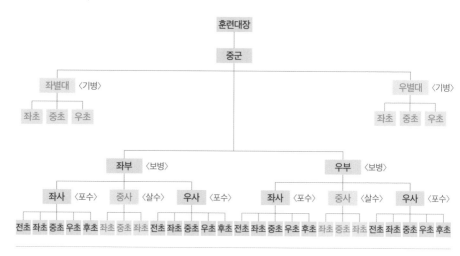

그림 6 훈련도감 편제

어떻게 되었는가? 오위는 군사적 기능이 없어졌음에도 불구하고 여전히 존속했다. 임진왜란 이후에도 상호군을 비롯한 오위의 관직에 많은 관료가 임명되었다. 하지만 이 관직은 일종의 간직間職이었을 가능성이 크다. 간직은 어떤 직책을 그만두고 다음 직책으로 가는 중간 단계에서 임명되는 관직이라는 의미이다.

오위의 병종들도 존속했다. 이들은 일부를 제외하고는 병조에 소속되어 포를 내는 군사로 바뀌었다. 이들이 주로 기병과 보병으로 구성되었고 병조에 소속되었기 때문에, 조선 후기에는 이들을 병조 기·보병이라고 지칭했다. 조선 후기에는 호료병포戶料兵布라는 말이 자료에 많이 나온다. 이 말은 국가의 대소사가 있을 때 동원하는 인력의 급료를 호조와 병조에서 공급한다는 의미이다.[2] 호조에서는 주로 쌀을 공급하고 병조에서는 포(베)를 지급했기 때문에 이렇게 지칭한 것이다. 이렇게 병조가 포를 조달할 수 있었던 이유는 병조 기·보병으로부터 거둔 비용이 많았기 때문이었다.

지방군 중 육군은 임진왜란 이후 영진군에서 속오군으로 개편되었다. 속오군으로의 개편이 기존의 관찰사, 병사, 수사 등의 군 지휘관이나 감영, 병영, 수영 등의 군영을 없애는 것은 아니었다. 조선 전기에 형성된 군사 제도를 바탕으로 군 편제를 속오법으로 바꾼 것이었다.

그림 7 충청도의 육군 속오 편제[3]

　『속대전』의 「병전·외관직」에 따르면 조선 정부에서는 각 도에서 전략적으로 중요하거나 규모가 큰 군현에 영을 설치했다. 예컨대, 충청도는 홍주, 해미, 청주, 공주, 충주 등 다섯 개 지역에 영을 설치했다. 그리고 이 영에는 영장이라는 지휘관을 임명해서 부대를 통솔했다. 이 영장은 병사의 통제를 받았다. 영장은 그 지역 수령이 겸임하는 사례도 있었고, 무관을 파견해 영장을 담당하게 하는 사례도 있었다. 전자를 겸임영장, 후자를 전임영장이라 하는데, 충청도는 해미만 겸임영장이고 나머지는 모두 전임영장이 파견된 것으로 보인다. 이렇게 영장을 중심으로 해서 부, 사, 초 등의 부대가 소속되었다. 이러한 속오군의 부대 편제는 충청도뿐 아니라 다른 도에서도 마찬가지였다.

수군은 임진왜란 이전에 있던 여러 제도를 계승했다. 하지만 변화된 측면이 없던 것은 아니었다. 임진왜란 당시 충무공 이순신과 원균의 갈등, 연합 함대의 지휘 체계 미비 등으로 인해 수사보다 한 등급 높은 통제사라는 관직이 생겼고, 통제사가 주둔하는 영도 수영에서 통제영으로 승격되었다. 아울러 17세기 후반 북방의 위기가 다가오자, 경기수사를 통어사로 개편하고 경기수영을 통어영으로 승격시켰다. 그 결과 통제영과 소속 수군은 일본의 침입을 방비하고, 통어영과 소속 수군은 북방의 위기를 방어하는 식으로 이원화되었다. 통제영은 현재 경상남도 통영시에 있으며, 통어영은 경기의 교동도에 있다.

수군도 속오법의 영향을 받았다. 통제영과 소속 수군이 훈련할 때, 지휘 체계는 속오법을 따라 다섯 개 영으로 편성하였다. 전영은 전라좌수영, 좌영은 경상좌수영, 중영은 통제영, 우영은 전라우수영, 후영은 충청수영이었다. 밑에서 구체적으로 살펴볼 테지만, 훈련의 절차도 절강병법을 모태로 해서 만들어졌다. 물론 절강병법을 육군만큼 수용했다고 보기는 어렵지만, 상당한 영향을 받은 것은 분명하다.

이렇듯 조선 후기의 군사 제도는 오군영-속오군-수군의 구도를 가졌다. 이러한 구도는 조선 전기 군사 제도의 틀을 유지

그림 8 통제영의 모습, ⓒ Amlou2518, 위키피디아에서 전재

그림 9 통어영의 모습, ⓒ Jjw, 위키피디아에서 전재

하면서도, 임진왜란 당시에 노출된 문제들을 해결하는 과정에서 만들어진 것이다. 이러한 구도는 총융청의 수어청 합병, 장용영 설립 등으로 인해 일부분 변화가 있었지만 오랫동안 지속되었다. 이렇게 다층적인 방어 체제를 유지하기 위해서는 병력 모집과 재원 확보가 필수적이었다. 조선은 고유한 병력 동원 체제를 개발해서 이 문제를 해결하고자 하였다.

군대에 가는 사람과 세금을 내는 사람

2024년 현재 한국은 출산율 저하로 인해 병력 자원 확보에 어려움을 겪고 있다. 그 결과 병력 숫자가 앞으로 점차 감소할 것이라는 언론 보도가 줄을 잇고 있다. 병력 감소로 군대의 전투력을 유지하기 어렵다는 비관적인 전망도 나온다. 이처럼 병력의 확보는 군대 유지에 필수적이다. 그런데 이러한 병력 확보의 어려움이 비단 현대 한국만의 문제는 아니다. 조선시대에도 이런 문제는 반복되었다.

사람의 모집은 결코 쉬운 일이 아니다. 더군다나 전쟁이 빈번해 군대에 가면 신변에 위협이 되었던 전근대 사회에서는 더더욱 그랬다. 조선도 건국 초기부터 군인을 어떻게 동원할 것인지에 대한 고민이 많았다. 먼저 군 엘리트인 무관은 주로 무과라는 시험을 통해 선발했다. 고려시대에 무관 직위가 세습을 통해 이루어졌다는 점을 생각해 보면, 무과의 실시는 무관 양성을 제도화했다는 점에서 의미가 있다. 무과는 초시, 복시, 전시 등 세 차례의 시험을 통해 합격할 수 있었다.

무과 급제자는 한 번 시험 볼 때 28명을 뽑는 것이 원칙이었다. 그런데 그 인원이 임진왜란 이후부터는 많이 늘어났다. 이러한 인원 증가로 인해 광해군 대에는 무과를 '많다'라는 의미의 '만' 자를 써서 만과萬科라고 부르기도 했다. 무과 급제자를 분석한 최근 연구에 따르면, 무과의 연평균 선발 인원은 광해군 대 763명, 인조 대 302명, 숙종 대 532명, 경종 대 362명, 영조 대 432명, 정조 대 429명, 순조 대 268명, 헌종 대 317명, 철종 대 501명, 고종 대 482명 등이었다.[4] 왕대별로 다소 차이가 있지만, 조선 후기 국왕은 본래 정해진 정원에 비해 많은 인원을 무과로 뽑았음을 알 수 있다.

모든 무과 급제자가 관료가 된 것은 아니었다. 관직 자리는 적고 무과 급제자는 많았기 때문이다. 하지만 무과 급제는 관직으로 진출할 기회를 마련할 수 있다는 점에서 개인의 삶에 큰 영향을 미쳤다. 무과에 급제하고 관료로 선발된 사람들은 여러 관직을 역임하며 승진했다. 이 중에서 능력도 있고 가문의 배경도 좋으며 운도 좋은 사람들은 중앙 군영의 대장까지 올라갈 수 있었다. 조선시대를 흔히 양반 사회라고 하는데, 이 양반 중 한 축이 무반, 즉 무인이었다.

병력 조달 방식도 마련되었다. 조선은 군대 관련 부담을 '세금' 중 하나로 취급했다. 조선은 15세기 군역제를 정비하면서 16세부터 60세 사이의 '양인' 남자가 군역을 지도록 규정했다. 이를 양인이라면 모두 역을 져야 한다는 의미에서 '양인개병良人皆兵의 원칙'이라고 한다. 노비는 개인에게 역을 부과받고 국가의 역인 군역을 지지 않았다. 조선의 병력 동원 체제는 호수-보인제였다. 이 호수-보인제를 살펴보면 조선시대의 병력 동원 방식을 좀 더 세부적으로 이해할 수 있다.

16세부터 60세까지의 양인 남자는 호수와 보인 두 가지로 분류했다. 여기서 호수는 직접 군대에 가서 복무하는 사람을 말

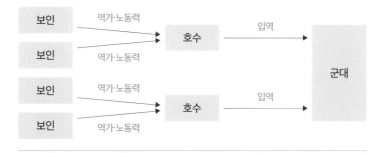

그림10 조선의 호수-보인제

한다. 그리고 보인은 호수가 복무하는 데 필요한 비용을 대는 사람이다. 군대에 가는 데 필요한 비용은 갑옷, 무기, 숙식 비용 등 다양한 부분이 포함되었다. 보인의 숫자는 호수가 쓰는 비용이나 해당 군대에 가서 군인이 받는 고통 등을 고려해서 결정되었을 것이다. 조선의 최고 법전인 『경국대전』 「병전」에 따르면, 기병과 수군은 보인 3명, 정병은 보인 2명을 받았다.

그렇다면 조선에서 이렇게 독특한 병력 동원 체제를 고안한 이유는 무엇일까? 그 이유는 두 가지 정도로 살펴볼 수 있을 것 같다. 첫째, 군인에 대한 보상의 필요성이다. 군인은 전쟁이 시작되면 목숨을 걸고 전투해야 하는 고위험 직업군이다. 그러므로 군인을 동원할 때는 이에 상응하는 보상을 해야 했다. 고려 시대에는 군인들에게 군인전軍人田이라는 토지를 지급해 주어 군 복무에 대해 보상했다. 그러나 관료나 군인에게 봉급 명목으로 토지를 지급하는 것을 줄이고 싶었던 조선 정부는 이 방식이 적절치 않다고 판단했을 가능성이 크다. 그러므로 토지 대신 보인을 지급해 주어서 직접 근무하는 군인들에게 복무의 대가를 준 것으로 보인다.

둘째, 조선이 현물경제 사회였기 때문이다. 사실, 군인에게 급료나 봉급을 주는 방식으로 복무에 관한 보상을 할 수도 있다. 실제로 조선 전기의 병종 중 일부 병종은 군 복무에 대한 반대급부로 녹봉이나 급료를 받기도 했다. 하지만 조선 정부가 모든 군인에게 이러한 방식으로 보상하기는 어려웠을 것이다. 많은 군인에게 급료를 주기 위해서는 급료의 수단이 되는 현물을 특정 장소까지 옮겨 와야 했다. 그런데 문제는 현물은 화폐와 달리 무거워 운반이 쉽지 않았다는 점이다. 그러므로 녹봉이나 급료를 지급하는 방식보다는 호수가 개인적으로 보인에게 자신의 반대급부를 얻게 하는 방식이 더 효율적인 방식이었을 수 있다.

이러한 시스템으로 인해 조선에서 군역을 지는 방식은 군대에 가서 군사 업무를 수행하거나, 호수에게 노동력을 제공하거나 비용을 내는 것으로 구분할 수 있었다. 법전에 수록된 군역 충원 규정에 따르면 양인 남자가 군역을 지는 기간은 약 44년이나 된다. 이 나이대에는 젊고 건강해서 군대에 가서 근무를 서는 것이 가능한 사람도 있을 것이고, 나이가 많고 몸이 좋지 않아 군 복무가 어려운 사람도 있을 것이다. 아마 전자는 주로 호수가 되고 후자는 보인이 되었던 것이 아닌가 한다.

호수도 계속 군대에서 근무를 서기만 한 것은 아니었다. 호수의 근무 형태는 크게 세 가지 정도로 구분할 수 있다. 먼저 장번長番이라 불리는 근무 형태이다. 장번은 교체되지 않고 계속해서 군인의 직무를 수행하는 것을 의미한다. 장번병은 상비군이라고 할 수 있다. 다음으로 번상番上이라고 불리는 근무 형태이다. 이 방식은 병력 총원에 순번(번차)을 정해 1년에 몇 개월만 근무를 서는 방식이다. 예컨대, 『경국대전』 「병전」에 따르면, 조선 전기 수군은 4만 8800명을 2만 4400명씩 두 개의 그룹으로 나뉘었고, 이들이 1년에 6개월씩 돌아가면서 근무를 섰다. 중앙군 중에 상당수는 번상병으로 구성되었다. 마지막으로 훈련만을 위해 모이는 일종의 예비군 방식이다. 이 방식은 주로 지방군에서 활용하였다.

보인이 호수나 정부에 비용을 내는 방식도 다양했다. 보인이 호수에게 군대 가는 데 필요한 비용을 제공하는 방식은 본래 노동력 제공, 현물 납부 등 다양하게 존재했을 것이다. 하지만 16세기 당시 군역제가 다양한 변화를 겪으면서 보인이 비용을 내는 방식도 세 가지 정도의 변화를 겪는다. 첫째, 보인이 호수나 국가에 내는 군역세가 점차 미(쌀)와 포목 등 당시의 '현물 화폐'로 확정되었다. 이에 따라 이들이 내는 군역세도 석石, 두斗나 동同, 필疋 등 단위로 표기할 수 있게 되었다.

둘째, 16세기에 평화기를 맞이하면서 방군수포放軍收布라는 현상도 나타났다. 방군수포는 그 언어적인 뜻을 살펴보면 '군인을 놓아주고 포목을 걷는다'라는 뜻을 가진다. 이에 따라 호수 중 일부는 보인처럼 군대에 가지 않고 군역세를 내는 사례가 생겨난 것이다. 이를 호수의 보인화로 표현하기도 한다. 방군수포가 점차 정착하면서, 돈을 내는 사람은 늘어나고 군대 가서 근무를 서는 군인의 숫자는 줄어들었다.

셋째, 양인개병의 원칙이 깨졌다. 본래 노비와 같은 천인은 군역을 지지 않는 것이 원칙이었으나, 이 시기부터는 이들도 군역에 동원되기 시작했다. 반대로 양반은 본래 양인의 한 부류로 군역을 져야 했지만, 이때부터 군역에서 탈락하는 현상이 보편화하였다. 이에 따라 군역을 담당하는 계층이 상당히 많이 변화하였다. 이렇게 양반이 군역에서 이탈하고, 천인이 점차 군역에 충원된 이유는 명확하지 않다. 다만 양반은 제도적인 허점을 이용해 군역을 면제받았고, 여기서 생긴 결원을 노비를 통해 충원했던 것이 아닌가 한다.

이러한 세 가지 요인으로 인해 조선의 병력 동원 체제에는 많은 변화가 있었다. 이러한 변화에 따라 조선 군대의 병력 동원 방식인 호수-보인제도 병종별로 다양하게 변했다. 그렇다고 호수-보인제의 골격이 사라진 것은 아니었다.

훈련도감은 호조에서 지급하는 돈과 포보 및 군향보에게 거둔 군역세를 통해 예산을 확보했다. 호조는 전국 토지에 부과한 삼수미를 훈련도감에 제공했다. 보인인 포보와 군향보는 훈련도감에 매년 일정한 금액을 군역세로 냈다. 이렇게 얻은 재원

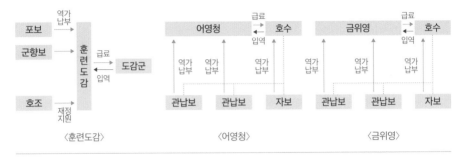

도성 삼군문의 변형 호수-보인제

을 바탕으로 훈련도감은 소속 병력인 도감군에 급료를 지급했
다. 도감군은 한양에 상주하면서 근무를 서고 급료를 받아 생계
를 유지했다. 훈련도감의 호수-보인제는 기존의 호수-보인제
에 비해 상당히 변형된 형태라고 할 수 있다.

어영청과 금위영에는 호수-보인제가 좀 더 명확히 남아 있
었다. 어영청과 금위영의 호수, 즉 금위군과 어영군은 보통 보
인을 세 명 부여받았다. 이 중 보인 둘은 관납보官納保라고 불렸
다. 관납보는 '관청에 군역세를 내는 보인'이라는 말뜻에서 알
수 있듯, 각각 어영청과 금위영에 군역세를 냈다. 어영청과 금
위영은 관납보에게 거둔 군역세 중 일부를 경비로 이용하고 나
머지는 복무하는 군인인 호수에게 급료로 지급했다. 이에 비해
자보資保는 호수에게 직접 군역세를 냈다. 호수는 자보에게 거
둔 군역세를 한양까지 왕복하는 경비로 활용했다. 호수는 보통

4년에 1번 올라와 2개월 동안 근무를 서는 번상병이었다. 관납보는 미를 내는 보인과 포목을 내는 보인 등 두 부류로 구분되었다. 미를 내는 보인을 미보米保, 포목을 내는 보인을 포보布保혹은 목보木保라고 하였다.

훈련도감의 병력은 5천-6천 명 정도로 추산된다. 이에 비해 어영청과 금위영은 8만-10만 명 정도의 병력을 보유했다. 병력 숫자만 보면, 어영청과 금위영이 훈련도감보다 월등히 크다. 하지만 한양에 상주하는 병력이 얼마인지 살펴보면 이야기가 약간 달라진다. 훈련도감 군병은 거의 전원이 한양에 상주했던 반면, 어영청과 금위영은 전체 인원 중에 5초, 즉 6백 명 정도밖에 없었다. 이러한 상주 병력의 숫자를 살펴보면, 왜 중앙군의 주력 부대가 훈련도감이었는지를 알 수 있다.

일부 병종에서는 호수-보인제가 붕괴되었다. 호수-보인제에 따라 병력을 동원하던 수군은 16세기에 보인이 호수처럼 군대에 가는 현상이 나타나게 되었다. 이에 따라 수군에 있어서는 명목상으로만 호수와 보인이 구분될 뿐, 두 병종의 업무는 점차 같아졌다.[5] 그 결과 수군은 호수·보인의 구분 없이 모두 군사적인 기능을 상실하였고, 군역세를 내는 존재로 변화했다. 수군이 이렇게 변화했다고 하더라도 방어 체제가 약화하였다고 보기는 힘들다. 조선 정부는 진 아래에 사는 토병을 승선시켜 수군을 대신했기 때문이다. 이들 토병은 내륙에 살았던 수군 호수와는 달리 동원하기도 쉽고 배를 타는 것에도 익숙했다.

이렇듯, 조선시대 군대는 중앙군과 지방군으로 구분되었다. 임진왜란 이전 중앙군은 오위, 지방군은 영진군과 수군으로 구성되었다. 그러다 임진왜란을 겪으면서 조선 정부는 방어 체제를 대폭 보완했다. 그 결과 오위 대신 오군영이 들어섰고, 지방군은 속오군으로 바뀌었다. 수군은 통제영과 통어영이 설치되는 제도적인 개편을 겪었다. 그럼에도 중앙군-지방군으로 이어지는 구조는 변화하지 않았다. 조선 정부는 이들 군대를 유지하기 위해 고유의 병력 동원 체제인 호수-보인제를 고안하였다. 이 방식은 양인 남자에게 병력 동원과 재정 확보라는 두 가지 부담을 지게 하는 방안이었다. 이러한 방안이 나오게 된 이유는 국방의 의무를 지는 데는 반드시 보상이 따라야 한다는 생각과 현물경제 사회라 재원의 집중과 분산이 쉽지 않았다는 배경이 깔려 있다. 이러한 호수-보인제는 임진왜란 이후에도 변형되어 계속 존속하였다. 이러한 이유로 조선의 군역자는 군대에 가서 근무를 서거나 노역을 한 사람과 군역세라는 일종의 세금을 낸 사람 등 두 가지로 구분된다. 이 두 부류의 군인 중 먼저 군대 가서 근무를 서는 사람들의 업무를 알아보자.

2

군대에 가면
고생인 이유!

고단한 훈련

육군 훈련

　한국 사람들이 군대 하면 떠올리는 것은 축구와 훈련이라고
한다. 군대에서 축구를 한 이야기는 여성들이 가장 듣기 싫어하
는 이야기 중 하나이다. 그렇다면 훈련은 어떨까? 훈련한 기억
도 마냥 좋지는 않다. 훈련은 군대에서 하는 큰 고생 중 하나로
우리 기억 속에 남아 있다. 그런데 군대는 왜 훈련을 하는 것일
까? 그 이유는 훈련이 전투력을 유지하기 위한 가장 좋은 방법
이기 때문이다.

그렇다면 조선시대에 군대에 간 사람들, 즉 호수는 어떻게 생활했을까? 그들의 군 생활 경험 중에서 가장 고통스러웠던 경험은 바로 훈련이 아니었을까? 조선시대의 자료를 살피다 보면, 훈련의 종류가 상당히 많다는 사실에 놀라게 된다. 독자들은 조선이 기본적으로 '문치주의' 사회라서 군사력이 약했을 것이라고 예상하기 쉽다. 하지만 실상은 조선 정부도 군사력 유지를 위해 많은 노력을 했다는 것이다.

훈련은 중앙군과 지방군에서 각각 행해졌다. 중앙군의 훈련 중에 가장 큰 훈련은 대열大閱이라고 한다. 이 훈련은 국왕이 참여하는 진법 훈련으로, 도성 근교에서 실시하는 것이 원칙이었다. 이 훈련은 조선 전기와 후기를 막론하고 전 기간에 걸쳐 행해졌다. 강무講武는 국왕이 친히 방문해서 사냥을 통해 군사를 훈련하는 행사였다. 이 행사는 조선 전기에는 많이 행해졌는데, 후기에 접어들면서 점차 시행되지 않는 추세였다.[6] 또한 시재試才나 관무재觀武才처럼 무과 시험을 보면서 훈련을 겸임하는 방식도 있었다. 이 외에도 사습私習, 중순中旬 등 군영별로 하는 다양한 훈련이 있었다. 이들 중앙군은 조선의 정예병답게 많은 훈련을 소화했다. 훈련 장소도 한양 노량鷺梁의 모래사장이나 모화관慕華館, 사하리沙河里 등 다양했다.

여러 훈련 중 습진習陣은 조선 정부가 가장 중시한 훈련이었다. 습진은 전투할 때 펼치는 대형인 진법陣法, formation을 연습하는 훈련이다. 습진은 조선 전기부터 계속 행해졌다. 그러다가 영조 연간에 발간된 법전인『속대전』의「병전·교열」조에 삼군문은 매월 세 차례 교외에서 습진을 하도록 명문화되기에 이르렀다. 이에 따라 훈련도감은 매월 9일, 19일, 29일에 훈련을 하였다. 하지만 29일에 하는 훈련은 영조 연간에 없어진 것으로 보인다. 금위영은 10일, 20일, 30일에 습진을 했고, 어영청은 1일, 11일, 21일에 훈련을 했다. 그러나 12개월 모든 달에 훈련한 것은 아니었다. 혹서기와 혹한기에는 국왕의 허락을 받아 훈련을 정지하는 사례가 많았다. 날씨가 좋지 않거나 국가의 중요한 행사가 있을 때도 훈련 날짜를 미루거나 정지하기도 했다.

지방에 있는 군대인 속오군도 정기적으로 훈련했다. 속오군의 훈련은 봄과 가을 두 차례에 이루어졌다. 병사는 매년 1월과 7월에 장계를 올려 지방 속오군의 훈련 형태를 결정했다. 지방 육군 훈련은 지방 육군 사령관인 병사가 합동으로 조련하는 형태, 병사나 영장 등 지휘관이 군현을 돌아다니면서 군장을 점검하는 형태, 수령이 군현 내에서 자체 훈련하는 형태 등 세 가지였다.[7] 이들 훈련은 도별로 진행되었다. 즉 조선의 여덟 개 도가 모두 훈련 단위가 되었다는 것이다. 이들의 훈련 방식도 훈련도감 등 중앙군과 크게 다르지 않았다.

이러한 훈련 외에도 지방군은 시재를 실시하였다. 시재는 일종의 무예 시험이다. 이 시험은 무예 진작을 목적으로 행해졌다. 과목은 활쏘기, 말타기, 모래 들기 등 다양했다. 이 시재에는 포상이 뒤따랐다. 포목이나 돈을 지급해 주기도 하고, 직부전시直赴殿試에 응시할 기회를 주기도 했다. 직부 전시란 말 그대로 전시, 즉 임금 앞에서 보는 시험에 바로 나갈 수 있게 해 주는 것(直赴)이다. 전시는 급제자의 순위를 정하는 시험이었으므로, 초시와 회시를 건너뛰고 바로 전시를 볼 수 있게 하는 직부 전시는 상당한 혜택이었다

조선시대에 훈련은 다양하게 진행되었다. 하지만 이 모두를 설명하기는 어렵다. 조선의 가장 정예 부대였던 훈련도감의 습진 절차를 통해 당시 훈련의 모습을 살펴보도록 하자. 습진 날짜가 되면 훈련도감은 '이번 2월 29일은 습진을 하는 날입니다. 그런 까닭으로 홍제원弘濟院에서 군대를 모아 조련을 하고자 합니다. 궁의 성곽에 숙직하는 장수와 군병은 열외가 될 것이며 표신標信을 발급할 것입니다'라고 조선 정부에 보고했다. 이러한 보고가 올라오면 국왕은 훈련 여부를 결정하였다.[8] 훈련은 국왕이 허가하면 정해진 날짜에 시행되었다.

당시 습진은 규정된 절차에 따라 행해졌다. 습진의 절차는 국왕 정조正祖가 발간한 병법서인 『병학통』에 상세하다.[9] 이를

도표화하면 다음과 같다.

| 훈련 준비 | → | 행군 및 공격 | → | 주둔 및 방어 | → | 여타 진법 훈련 | → | 종료 및 호궤 |

그림 12 훈련도감의 습진 절차

훈련은 조패操牌를 다는 것으로 시작했다. 이 조패는 원문轅門에 다는 것이 원칙이었다. 원문은 군영의 정문이다. 원문이라는 말은 중국의 춘추전국시대에 주요 전쟁 무기였던 수레를 일렬로 세워서 성벽과 문을 만들던 관행에서 비롯되었다. 조패가 달리면 훈련도감의 군인은 교장敎場에 정렬하였다. 교장에는 단상인 장대將臺를 중심으로 왼쪽에는 좌별대와 좌부가, 오른쪽에는 우별대와 우부가 늘어섰다.[10]

이렇게 병력이 늘어서면 이 훈련의 총지휘관이 입장했다. 이 총지휘관은 특별한 일이 없는 한 훈련대장이었을 것이다. 총지휘관은 개복청改服廳이라는 곳에서 옷을 갈아입은 뒤 말을 타고 교장으로 들어갔다. 이때 총지휘관 뒤에는 군악대와 기수, 그리고 친위병이 뒤따랐다. 미리 도열해 있던 각 부대의 지휘관들은 무릎을 꿇고 행렬을 맞이했다. 총지휘관이 장대에 올라가서 좌정하면, 종사관을 비롯한 지휘관이 총지휘관 앞에 나와 알현하는 군사 의례가 시작되었다. 의례가 끝나면 장막을 올리고 총지휘관이 군사들에게 모습을 드러냈다. 그러면 수자기帥字旗를 비롯한 다양한 깃발이 올라가면서 총지휘관의 권위를 부각시켰다.

다음으로는 명령 전달 행사가 시작되었다. 우선 청도기淸道旗가 가운데 길을 따라 장대 방향으로 이동했다. 그러면 천총, 파총, 초관 등 부대의 지휘관이 청도기를 따라 장대 앞으로 모여들었다. 그리고 장대 앞에 모인 지휘관은 무릎을 꿇고 총지휘관의 명령을 기다렸다. 『병학통』「장조場操」에 그 예시가 수록된 것을 보면 명령 하달은 대단히 중요한 행사였던 것 같다. 이를 살펴보자.

> 장교(官旗)들은 들어라! 귀로는 징소리와 북소리를 듣고 눈으로는 깃발을 잘 봐라. 손으로는 치고 찌르는 것을 익히며, 걸음은 나가고 멈추는 법을 익혀야 한다. 만인이 한마음이 되어야 하고 군법은 변함이 없다.

먼저 총사령관은 휘하 장교에게 신호를 명확하게 확인하라고 지시하였다. 당시에 명령을 전달하는 수단은 시각과 청각에 의존하는 것이 대부분이었다. 이런 상황에서는 총지휘관이 보내는 신호를 휘하 지휘관이 얼마나 명확하게 인식했는지가 작전의 성패를 결정지을 수밖에 없었다. 특히 전진과 퇴각 관련 신호는 가장 기초적인 것이었다. 북소리는 진격하라는 의미였고, 징 소리는 후퇴하라는 의미였다.

다음으로 진법 훈련을 하면서 중요한 것은 동작의 숙달 여부였다. 적을 효율적으로 제압하기 위해서는 병사의 숙련도를 높여야 했다. 마지막으로 일치단결된 마음으로 훈련에 응해야 훈련이 성과를 내는 법이다. 그렇지 않은 병사는 군법으로 다스려야 한다. 이 예문에는 작전에 대한 구체적인 지시는 없다. 만약 실제 작전이었다면, 이러한 언급 다음으로 구체적인 작전 지시가 있었을 것으로 생각된다.

명령 하달이 끝나면 본격적으로 훈련에 접어든다. 먼저 훈련 장소로 이동해야 했다. 당시 군대도 행군을 통해 이동했다. 행군의 시작은 정찰병인 당보군을 파견하는 것으로 시작되었다. 이 당보군은 적의 매복 여부를 확인하는 임무를 가졌다. 본진은 먼저 마병부터 출발했다. 마병은 좌별대가 먼저 가고 우별대가 가는 식이었다. 다음으로는 보병이 출발했다. 좌부의 병력이 먼저 가고, 다음으로 중군이 따라갔다. 우부는 중군의 뒤에서 따라갔다. 처음에는 1열로 행군하였으며, 신호에 따라 2열 혹은 4열 등으로 바뀌기도 했다.

행군 중에 적을 발견하면 훈련도감에서는 열진列陣이라는

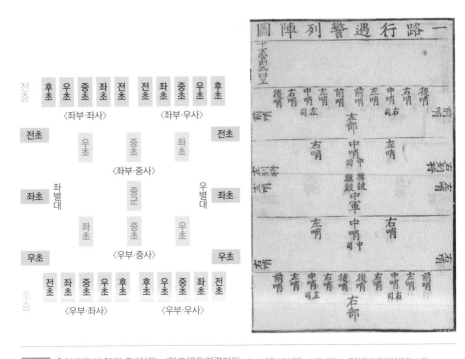

그림 13 훈련도감의 열진, 『병학통』〈일로행우경렬진도—路行遇警列陣圖〉, 서울대학교 규장각한국학연구원 소장

진법을 형성해서 대응했다. 이를 살펴보면 다음과 같다.

열진은 병력이 전층과 후층 두 개의 층으로 나뉘어 공격과 방어를 하는 진법이다. 이렇게 공격 대형을 갖춘 이후에 적이 1백 보 거리로 다가오면 모든 군사가 일어서고 마병은 말에 올라탔다. 그리고 신호에 따라 전층이 앞에서 차례대로 조총을 발사하는 윤방을 하였다. 다음으로 후층의 살수들이 나와 공격했다. 그다음으로는 후층의 조총수가 나와 공격하고, 이어서 후층의 살수들이 공격했다. 이후로는 총공격이 시작되었다. 마병,

살수, 조총수 등 모든 병력이 출진해 적을 둘러싸고 공격했다.

　이렇게 공격 연습을 한 후에는 방어 훈련을 하였다. 방어 훈련을 할 때는 방영을 취해야 했다. 이 방영은 적이 어느 쪽에서 공격을 가해 오더라도 방어가 가능한 진형이다. 그러므로 적이 어느 곳에서 침입할지 모르는 상태이거나 한곳에 주둔할 때 설치되었다.[11] 방영은 외층과 내층이라는 두 개의 층으로 구성되었으며, 이 층의 크기는 군대의 규모에 따라 결정되었다. 이렇게 방영이 설치되면 매복과 정찰을 하는 복로군과 당보군을 내보냈다. 이후 땔감과 식량을 구하고, 훈련에 대한 평가가 진행되었다.

　이러한 일이 진행된 후에는 각 방향에서 오는 적을 방어하는 훈련을 했다. 적이 사면에서 온다는 신호가 오면 병사들은 다시 일어나고 마병은 말을 탔다. 적이 접근하면 포수들이 조총을 발사하고 내층의 살수들이 화살로 지원하였다. 마병은 해당 방면의 모서리로 나아가 적을 둘러싸고 공격했다. 방어 훈련이 끝나고 나면 이후 구군진, 육화진, 팔진 등 다양한 형태의 진법을 연습했다. 이렇게 연습이 끝나면 진법을 해제하고 다시 주둔지로 돌아왔다. 훈련이 끝나고 나면 군병 위로 행사인 호궤가 진행되었다.

수군 훈련

당연하지만, 육군뿐 아니라 수군도 훈련했다. 조선시대의 수군 훈련은 보통 수조水操라고 불렀다. 그런데 여기에서는 이해의 편의를 위해 수군 훈련이라고 규정하자. 조선시대 수군 훈련과 관련된 첫 번째 기록은 『조선왕조실록』 태종 13년 2월 5일의 기사이다. 이 기사의 내용은 다음과 같다. 태종이 통제원通濟院 남쪽 근교에 머무르고 있었다. 태종은 무슨 이유에서인지 모르겠지만 당시 세자였던 양녕대군에게 한양으로 돌아갈 것을 명하였다. 하지만 세자가 따르지 않고 밥을 거르는 등 적극적으로 항의하자 태종은 어쩔 수 없이 허락하였다. 그리고 이들은 파주에 들러 거북선과 왜선이 싸우는 훈련을 관찰했다.

사실 이 기사는 학자들에게 거북선이 처음 등장하는 기사로 유명하다. 그러나 이 기사는 당시 수군 훈련에 대한 실마리를 알려 준다는 점에서도 중요하다. 거북선과 왜선이 서로 싸우는 모습을 구경했다는 언급은 임진왜란 이전 조선 수군의 훈련 방식이 '모의 전투 훈련'이었다는 점을 알려 주는 것이다. 즉 조선 전기의 수군 훈련은 가상의 적을 염두에 두고 하는 실전 훈련이었다. 이러한 기본적인 정보를 제외하면 임진왜란 이전에 진행된 수군 훈련의 세부 절차에 대해서는 알기 어렵다. 수군의 훈련 과정이나 절차는 임진왜란 이후의 것부터 자세히 알 수 있다. 이 장에서는 통제영의 예를 들어 수군의 훈련 과정을 살펴보자.

통제영 수군은 봄과 가을로 1년에 두 번 정기적으로 모여 훈련했다. 봄 훈련은 충청, 전라, 경상도 소속 5개 수영의 수군이 모여서 하였고, 가을 훈련은 통제영 직할 수군이 하는 것이 원칙이었다. 하지만 이 원칙이 정확히 지켜진 것은 아니었다. 이러한 원칙을 정해 두되, 매년 국왕의 허가를 받아서 훈련의 형태를 달리할 수 있었다. 통제사는 매년 1월 1일과 8월 1일에 국왕에게 훈련 형태와 날짜를 정해 장계를 올렸다. 국왕은 여러 가지 상황을 고려해서 훈련의 시행 여부와 형태를 결정했다. 국왕의 허가가 떨어지면 그 날짜에 훈련이 본격적으로 시작되었다.

기회(期會) ⟶ 점고(點考) ⟶ 사조(私操) ⟶ 정조(正操) ⟶ 시사(試謝) ⟶ 호궤(犒饋)

그림 14 통제영 수군 훈련의 절차

훈련은 크게 6단계의 절차에 따라 행해졌다. 첫 번째 절차는 기회期會였다. 이는 병력이 모이는 행사로, 이틀간 행해졌다. 첫날에는 영 자체 병력이 모이는 행사를 하고, 둘째 날에는 다른 지역의 수군이 집합하는 행사를 했다. 이때에는 주로 여러 군데에서 온 지휘관이 통제사를 알현하고, 통제사는 이들에게 안부를 묻는 행사가 이루어졌다. 두 번째 절차는 점고點考이다. 이 행사는 병력과 장비의 점검 행사였다. 통제사 이석관李碩寬의 증언에 따르면, 통제영에서는 공수도公須島(공주도) 앞에다가 군선들을 펼쳐 놓고 통제사가 일일이 사람을 보내서 인력과 장비를 점검했다고 한다.[12] 사조私操는 본 훈련을 하기 위한 예행 연습이며, 통제영의 부지휘관인 통우후가 행하는 것이 원칙이었다. 정조正操는 본 훈련이고, 시사試射는 활쏘기 시험이다. 마지막으로는 호궤犒饋가 행해졌다. 호궤는 훈련으로 고생한 병사를 위로하는 행사이다.

훈련의 가장 중요한 행사는 사조와 정조라고 할 수 있다. 사조와 정조는 모두 25단계의 절차로 구성되었다. 이 절차를 여기서 전부 거론하기는 어렵다. 다만, 명령의 하달, 훈련장으로의 이동, 적과의 교전, 방영 설치 및 휴식, 야간 훈련, 복귀의 순서로 구성되었다. 전반적인 훈련의 흐름은 육군과 다르지 않았다. 하지만 수군은 군선을 탑승해서 훈련을 수행한다는 점에서는 육군과 차이가 있었다. 임진왜란 이전 조선의 주력 선박은 맹선猛船이었다고 할 수 있다. 하지만 일본 군선의 기술 발달에 대비하기 위해 16세기에 판옥선板屋船이라는 새로운 군선이 개발되었다. 이 판옥선은 임진왜란 당시 큰 활약을 했고, 조선 후기 주력 전투함으로 그 위상을 계속 유지하였다.

　그러므로 임진왜란 이후부터 수군 훈련을 수행하는 군선은 판옥선이 대종을 이루었다. 조선 수군은 훈련을 바다에서 했기 때문에 군선을 타고 훈련장으로 향했다. 이때도 그냥 이동하는 것이 아니라 첨자진尖字陣이라는 진법을 활용했다. 첨자진은 배의 대형이 '첨尖' 자처럼 생겼다고 해서 붙여진 이름이다. 이렇게 이동하다 적이 출몰했다는 경보가 도착하면 공격 대형으로 변환하였다. 이 공격 대형은 기록마다 차이가 있지만 17세기에는 일자진을 활용했는데, 이후 일체전향진으로 진법을 변환한 것으로 보인다. 일자진은 군선을 일열로 세우는 것인 데 비해 일체전향진은 전층, 중층, 후층 등 세 줄로 세우는 것이다.

　공격 방식도 변화했다. 일자진으로 공격할 때는 적의 거리에 따라 배에서 활용하는 무기를 달리했다. 이에 비해 세 줄로 군선이 늘어섰을 때는 후층 → 전층 → 중층 순으로 공격을 했다. 일체전향진에서 적을 공격할 때 주목되는 것은 거북선의 활용이다. 후층과 전층의 공격이 끝나면 중간에 수영 소속 거북선이 출격해 적을 공격했다. 거북선이 연기를 뿜으면서 적을 교란하면, 중층이 출격하여 적을 포위하는 식이었다. 이러한 거북선의 활용은 임진왜란 당시 충무공 이순신이 했던 전술을 계승한 것이 아닌가 한다. 공격이 끝나면 훈련도감처럼 방진을 형성하

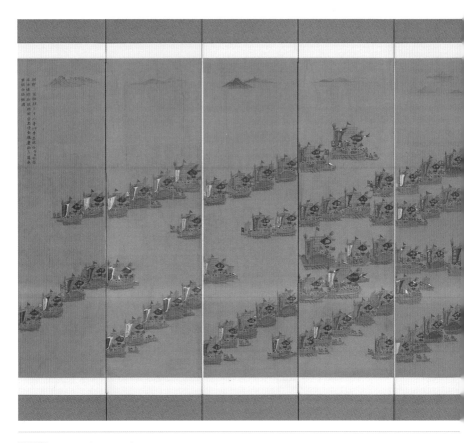

그림 15 《수군조련도 10곡병》, 국립중앙박물관 e뮤지엄에서 전재

고 훈련을 평가했다. 야간 훈련을 한 뒤 수군은 다시 통제영으로 돌아와서 내일 있을 행사를 기다렸다.

　조선 수군의 훈련 모습은 '수군조련도'라는 병풍으로 남아 있다. 이 수군조련도는 20여 개가 남아 있다. 이 중에 국립중앙박물관 소장 수군조련도를 제시하면 다음과 같다. 이 수군조련도

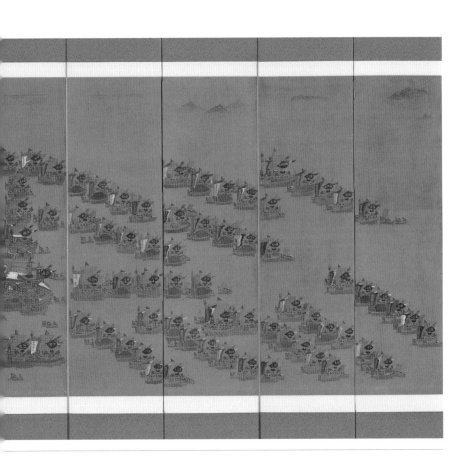

는 훈련하기 위해 첨자진으로 이동하는 모습을 그린 것이다. 첨
자진 한가운데에는 통제사가 승선하는 군선이 그려졌다. 아울
러 경상좌수사·전라좌수사·전라우수사·충청수사 등 수군의 고
위 지휘관이 탄 배도 이 그림에서 발견된다. 또한 판옥선과 거
북선 외에도 군량을 공급하는 배들도 그려져 있다. 수군이 여러

진법을 활용했음에도 첨자진을 그린 그림이 많은 이유는 아무래도 이 첨자진이 가장 멋있기 때문이 아닌가 한다. 이러한 수군조련도는 수군 훈련의 위용을 잘 표현했던 것으로 생각된다.

수군 훈련 도중에는 사고도 자주 발생했다. 1656년(효종 7)의 해상 사고가 대표적이다. 훈련 도중 비바람이 크게 일어 금성錦城(현 나주)·영암·무장·함평·강진·부안·진도 등 고을의 전선이 모두 떠내려가거나 침몰하는 사건이 발생한 것이다. 이때 진도의 수령이었던 군수 이태형李泰亨을 비롯한 수군 1천여 명이 물에 빠져 죽었다. 이 사건의 파장은 상당했다. 국왕인 효종은 '지금 보고를 듣고 하루 내내 서글퍼 가슴을 진정시킬 수 없다'라고 하면서, 수군들에게 사고에 대해 적절히 보상해 주고(恤典) 훈련을 지휘한 수사 이익달과 우후 신숙은 잡아다 국문할 것을 지시하였다.

수도 경비와 왕의 경호

조선은 국왕이 통치하는 왕조 국가였다. 그러므로 최고 권력자인 국왕의 안전을 보장하는 것이 곧 국가의 안녕과 직결되었다. 당시 국왕의 안위를 위협하는 것에는 크게 두 가지 형태가 있다. 첫째, 반란이다. 반란은 국왕의 통치에 불만을 품고 이에 집단으로 도전하는 행위이다. 조선은 이괄의 난, 홍경래의 난 등 다양한 반란을 겪었다. 둘째, 암살 위협이다. 이와 관련해서는 국왕 정조의 일화가 상당히 유명하다. 『조선왕조실록』 정조 1년 7월 28일의 기사에 따르면, 그날 정조는 평소처럼 존현각尊賢閣에서 밤늦게까지 책을 보았다. 그런데 정조가 책을 보는 동안 존현각 근처에서 침입자의 흔적이 발견되었다. 정조는 이를 암살 시도로 간주하고 금위대장인 홍국영을 불러들여 궁궐 전체를 수색하도록 했다. 하지만 침입자는 결국 발견되지 않았다.

각종 반란과 암살 시도는 국왕의 안위를 끊임없이 위협했다. 그러므로 도성에 대한 방비와 궁궐에 대한 경비는 국왕의 관심이 집중된 분야였다. 역대 국왕 중 영조는 도성 방비를 특히 강조하였다. 그가 이 부분에 신경을 쓴 이유는 그가 탕평책이라는 왕권 강화 방안을 전면적으로 내세웠고, 집권 초기 이인좌의 난이라는 반란으로 인해 왕권의 위기를 겪었기 때문일 것이다. 그는 『어제수성윤음』을 반포하고 도성의 경비 구역을 훈련도감, 어영청, 금위영에 분배했다. 이 윤음은 현재 규장각에 소장되어 있다.[13] 이 윤음의 첫 부분에는 〈도성삼군문분계지도〉가 수록되었다. 이 지도를 살펴보자.

당시 도성은 여러 개의 문이 길을 따라 설치된 상태였다. 이

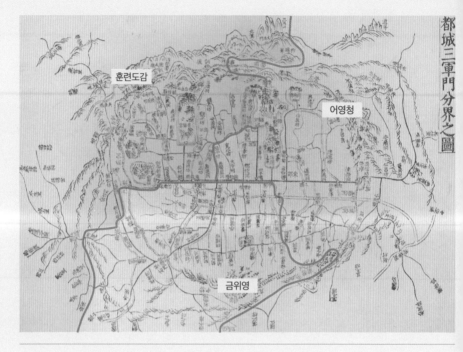

그림 16 『어제수성윤음』〈도성삼군문분계지도〉, 서울대학교 규장각한국학연구원 소장

지도에 따르면, 삼군문은 문을 기준으로 도성의 관할 구역을 구분했다. 훈련도감이 관리하는 곳은 돈의문에서 숙정문까지였다. 이 부분은 도성의 서북부 지역에 해당한다. 훈련도감의 관할 구역에는 성랑城廊이 24곳 있었다. 이곳에는 장수 1명, 군인 12명

이 파수를 섰다.[14] 금위영이 관리하는 곳은 돈의문에서 광희문까지였다. 이 부분은 한양의 남부이다. 어영청이 관리하는 곳은 광희문에서 숙정문까지였다. 이 부분은 한양의 동북부이다.

이 외에 궁의 방비도 중앙군의 업무였다. 당시 조선에는 우리에게 잘 알려진 경복궁과 창덕궁을 비롯하여 경희궁, 덕수궁, 창경궁 등 다양한 궁이 있었다. 이들 궁은 조선의 통치자인 왕과 그 친족들이 거주하는 공간이었다. 조선의 대소사도 모두 이 궁을 중심으로 행해졌다. 삼군문은 궁성을 지키는 업무도 수행하였고 순찰(巡邏)도 실시하였다. 예를 들면, 훈련도감의 순찰 구역은 창덕궁과 창경궁 주변이었다. 순찰병은 장교 1명과 군병 5명으로 구성되었다. 이들은 저녁부터 날이 밝을 때까지 순찰하였다.

이러한 도성의 방어와 궁의 방비는 국왕이 한양에 머무를 때면 항상 행해졌다. 하지만 국왕이 계속 궁에만 있는 것은 아니었다. 국왕은 종종 궁 밖을 나가 다른 곳으로 행차했다. 이렇게 국왕이 궁을 떠나 다른 지역으로 가는 것을 행행幸行이라고 한다. 이러한 행행 중에 가장 대표적인 것이 능행이다. 능행은 국왕이 선대의 무덤인 능陵에 방문하기 위해 도성을 떠나는 것을 말한다. 능은 주로 경기 지역(현 경기도)에 있었다.

국왕은 능을 1년에 몇 차례씩 방문했다. 현재의 연구 성과에 따르면, 영조는 77회, 정조는 63회, 숙종은 48회, 순조는 44회, 철종은 39회, 헌종은 15회, 현종은 10회, 인조는 5회, 경종은 3회 정도 능행을 했다고 한다.[15] 이렇게 국왕이 능을 자주 방문했던 이유는 물론 인간으로서 가질 수 있는 혈육의 정 때문이라고도 할 수 있다. 그러나 능행은 이러한 개인적인 이유 이외에 정치적인 의미도 상당했다. 유교 국가에서 국왕은 유학의 수호자로 자처해 왔다. 유학의 중요 이념 중 하나는 효이며, 능행은 효를 실천하는 국왕이라는 이미지를 갖는 데 상당히 중요한 역할을 했다.

국왕은 능행 기간 도성을 떠나게 된다. 이때 국왕의 경호와 관련해서 두 가지 문제가 생겨난다. 먼저 국왕이 도성에서 멀리 떨어진 곳에 있는 만큼 경호 방식을 변경할 필요가 있었다. 다음으로 국왕이 떠난 궁궐의 경호 문제도 중요한 관심사가 된다. 이럴 때 국왕의 경호와 도성의 수비는 모두 중앙군이 담당했다. 다음은 1653년(효종 4) 효종이 목릉에 능행을 갈 때의 예이다.

병조에서 아룁니다. 이번 9월 10일 대가大駕[국왕이 타는 가마]가 목릉에 갈 때 훈련도감 살수 200명과 어영청 군병 4초를 가마를 따라 시위하는 것으로 이미 마련하여 결정하였습니다. 주정소晝停所[국왕이 가다가 잠시 쉬는 곳]

와 능의 호위는 행행의 통로를 호위하는 관례에 따라 훈련도감군의 포수와 살수가 길 안쪽에서 진을 치게 하며, 어영 군병은 길 밖에서 진을 치게 해서 잡인들[의 출입]을 일체 금지할 것입니다.[16]

목릉은 현재 경기도 구리시 동구릉로에 있다. 목릉은 임진 왜란 당시 국왕이었던 선조와 그의 정비인 의안왕후 박씨, 계비인 인목왕후 김씨 등이 묻힌 능이었다. 인목왕후는 선조 사후 인목대비가 되어 광해군과 극단적인 정치 갈등을 일으킨 인물로 잘 알려져 있다. 효종은 종종 목릉에 갔다. 능행을 가는 효종에 대한 경호는 훈련도감과 어영청이 담당했다. 이때는 금위영이 설립되지 않았기 때문에 삼군문 중에서 두 군문만 경호에 동원된 것으로 생각된다. 효종 외에 다른 국왕들도 종종 목릉에 방문하였다.

능행 중 대중에게 가장 많이 알려진 것은 바로 국왕 정조의 현륭원 행차이다. 정조는 영조의 명에 의해 뒤주에 갇혀 죽은 자신의 아버지 사도세자를 그리워하였다. 그는 자신의 아버지를 그리워하며 수원에 있는 아버지의 무덤, 즉 현륭원에 종종 방문하였다. 정조는 노량진에서 시흥을 지나 의왕을 거쳐 화성(수원)의 현륭원에 도착했다.

그림 17 《화성원행반차도》의 일부, 서울대학교 규장각한국학연구원 소장

그의 화성 행차 중에 특히 유명한 것은 바로 을묘년(1795) 행차라고 할 수 있다. 을묘년은 그의 어머니 혜경궁 홍씨가 환갑이 되는 뜻깊은 해였다. 그는 아버지가 모셔져 있는 화성에 행차해 어머니의 환갑잔치를 하고자 했다. 이 능행은 무려 7일간 6천 명이나 동원되었던 엄청나게 큰 행차였다. 이러한 정조의 원행 행차를 그린 그림을 살펴보면, 훈련도감을 비롯한 중앙 군문의 군인들이 그려져 있다.

국왕이 궁궐을 떠나는 것에는 능행 외에도 온행溫行이 있다. 온행은 말 그대로 국왕이 온천에 가는 것을 의미한다. 당시 국왕들은 온양온천을 선호했다. 조선 후기 온행을 했던 국왕으로는 현종, 숙종, 영조 등이 있다, 특히 현종은 온천을 사랑한 국왕이었다.[17] 그가 이렇게 재임 기간에 온행을 많이 한 이유는 아무래도 그의 건강과 관계가 있는 것 같다. 그의 재위 기간은 13년 정도밖에 되지 않았다.

그는 과천 → 수원 → 직산 → 천안을 거쳐 온양에 도착했다. 하루의 이동 거리는 50리 정도였다. 국왕은 온행을 하기 위해 한강을 건너야 했다. 국왕이 타는 가마는 네 척의 배를 묶고 그 위에 판자를 깐 상태에서 배 위로 올라 한강을 지나갔다. 이 외의 인원들은 각자 배를 태워 한강을 건넜다. 이렇게 수천 명이 강을 건너기란 쉬운 일이 아니었다. 조선 정부는 혼잡을 피하려고 여러 인원을 시간별로 분산해서 배에 탑승시켰다. 온양에 가면 국왕이 머무를 수 있는 궁궐인 행궁이 있었다. 국왕이 이곳에 행차하면 행궁을 경비해야 했다. 하지만 이 행궁은 대규모 병력이 머무를 수 없는 곳이라서 경호상의 여러 문제가 있었다고 한다.

한편, 능행이나 온행, 그리고 기타 사유 등으로 국왕이 궁궐 밖을 나가게 되면, 수도 경비에 공백이 생길 수밖에 없었다. 그러므로 궁궐 방비를 강화할 수 있는 대책이 필요했다. 각 군영에서는 이때 『유도절목留都節目』이라는 궁궐 및 수도 경비 방안을 마련해서 보고했다. 이 방안에 따르면, 국왕이 행행할 때 도성 경비는 유도대장留都大將이 책임졌다. 이 유도대장에는 2명이 임명되었는데, 이 중 한 명은 궐내에 거주하고 나머지 한 명은 궐외에서 대기했다.[18] 유도대장은 유도군을 지휘했다. 유도군은 삼군문에서 일정 인원을 차출해 편성한 것으로 보인다. 이러한 유도군은 보통 1400여 명 정도 규모였다.

이 외에도 삼군문은 국가의 여러 일에 수시로 동원되었다. 먼저 왕의 가족들에 대한 보호도 이들이 해야 할 일이었다. 다음으로 한양에 중국 사신인 칙사가 오면 이들의 경호도 담당하였다. 이들은 칙사의 시중을 들거나 칙사가 행차하는 길에 좌우로 나누어 길게 늘어서서 잡인들이 들어오지 못하도록 경비를 서야 했다. 또한 도성 근처의 산에 있는 소나무에 대한 관리도 이들의 몫이었다. 소나무는 건축물이나 배의 주요 재료로 쓰이는 국가의 자원이었다. 하지만 당시 화전火田이나 남벌濫伐 등으로 인해 산이 민둥산이 되어 갔다. 조선 정부는 이들 산을 관리하는 일을 도성 삼군문에게 맡겼다. 이들은 순찰하면서 소나무의 숫자를 파악하고 나무를 훼손하는 사람을 단속했다.

노동하는 군인들

조선에서 군인들이 하는 일은 너무도 많았다. 더군다나 군인들은 심심치 않게 노역에 동원되었다. 국가는 여러 가지 이유로 대규모 공사를 시행하는 사례가 있었다. 궁궐도 지어야 했고, 각종 방어 시설도 갖추어야 했다. 농사를 위해 제방도 축조해야 했으며, 농토도 개간해야 했다. 이렇게 많은 인력이 필요한 일들이 자주 일어나지만, 매번 백성을 동원하기에는 곤란한 측면이 있다.

이와 같은 상황에서 국가가 동원할 수 있는 인력은 군인이다. 군인은 노동하기 좋은 젊은 남자들로 구성된 대표적 조직이기 때문이다. 그렇다면 조선시대 군인은 주로 어떤 일에 동원되었을까. 군인들의 대표적인 노역은 성곽의 유지 보수였다. 주지하듯 성곽은 적의 침입을 방어하려고 돌이나 흙을 쌓아 만든 방어 시설이었다. 성은 설치된 곳의 지형에 따라 산성山城과 평성平城으로 나뉘며, 성안에 있는 행정구역이 무엇이냐에 따라 도성都城, 읍성邑城, 진성鎭城 등으로도 분류할 수 있다.

조선은 성을 중시했다. 그 이유는 적이 침입하면 성에 들어가 농성하는 것을 주요 전법으로 활용했기 때문이었다. 이에 따라 조선은 국토 전역에 성을 쌓았다. 한양에는 도성을 쌓았고, 지리적 요충지로 여겨지는 곳에는 산성을 쌓았으며, 군현의 관아가 있는 곳에는 읍성을 쌓았다. 이렇게 쌓은 성이 온전히 기능하기 위해서는 주기적인 유지 보수가 필요했다. 그러므로 성을 축조하거나 유지 보수하는 일은 조선에서는 항상 있는 일이었다.

여러 성 중에서 가장 중요한 성은 도성이었다. 도성은 조선이 건국한 지 4년 만인 1396년(태조 5), 11만여 명의 인력을 동원해서 쌓은 성곽이었다. 이 성은 그 후에도 계속 수리와 증축이 진행되었다. 특히 국왕 영조는 도성의 수리와 증축에 적극적이었다. 하지만 대신 중에 도성의 수리와 증축에 대해서 찬성하는 사람만 있는 것은 아니었다. 대신 중 하나인 홍중효洪重孝는 도성을 수리하고 증축하면 증축 후에 성의 안과 밖에 거주하는 백성을 동원하기가 쉽지 않고, 성에서 적의 침입을 방어할 때 군량 조달이 쉽지 않기 때문에 수비가 성공하기 어렵다고 지적했다.[19] 이러한 의견이 있기는 했지만, 국왕 영조의 의지를 꺾기 어려웠다.

도성의 수리와 증축이 결정되자 먼저 확보되어야 했던 것은 비용과 인력이었다. 비용은 당시의 재무부인 호조와 국방부인 병조에서 마련하기로 하였다. 그런데 인력 조달 방안이 정해지지 않아 문제가 되었다. 당시 재상이었던 우의정 조현명趙顯命은 도성의 무너진 곳을 보수하는 데 들어가는 인력은 나라가 건국될 때처럼 팔도의 백성들을 동원할 만큼의 큰 공사가 아니기 때문에 삼군문을 통해 조달하면 된다고 설명하였다. 그의 의견대로 삼군문은 도성의 수리와 증축에 동원되었다. 훈련도감은 숙정문 동쪽부터 돈의문 북쪽까지 4850보, 금위영은 돈의문부터 광희문 주변까지 5042.5보, 어영청은 광희문부터 숙정문까지 5042.5보 등 총 1만 5135보를 수리 및 증축했다.[20]

이들 수리 및 증축 구역은 이들 삼군문의 관할 구역과 거의 유사하다. 이렇게 관할 구역과 증축 구역을 일치시킨 이유는 관리 문제 때문이었다. 즉 이들이 경비를 서면서 성곽을 관리하는 것이 더 효율적이었기 때문이다. 그러므로 이들은 경비를 서기 위해 오가면서 수시로 성곽의 상태를 점검해야 했다. 이러한 도

성의 증축과 수리는 이후에도 수시로 행해졌다. 삼군문에서는
성곽이 허물어진 깃을 보고하고 수리했다.

삼군문은 이러한 수리 외에 도성 근처의 성 축조에도 동원
되었다. 북한산은 도성과 거리도 멀지 않고 산세도 험악해서 요
새가 되기에 적합했다. 조선 정부는 유사시 국왕의 도피를 돕기
위해 1711년(숙종 37), 북한산성의 축조를 결정하였다. 축조 자체
가 결정되었으니 남은 문제는 바로 어떤 기관에서 성을 쌓을 것
인지 결정하는 것이었다. 이에 대해 여러 의견이 있었지만, 대
신들이 가장 먼저 떠올린 것은 바로 삼군문이었다. 숙종이 군
문의 동원에 동의하자, 훈련도감, 어영청, 금위영 등은 각각 담
당할 구역을 정했다. 산성의 북쪽 부분은 훈련도감이 담당하고,
동쪽과 서쪽은 금위영과 어영청에서 담당했다.[21]

군인이 노동에 동원되는 현상은 중앙군보다는 지방군이 더
심했다. 지방에 있는 성의 축조나 수리는 지방군의 몫이었다.
이 외에도 다양한 이유로 노동에 동원되었다. 『승정원일기』 영
조 16년 8월 20일 자의 경상감사 정익하鄭益河가 올린 장계와
『조선왕조실록』 문종 1년 5월 16일 기사에 수록된 의정부에서
올린 수군 관련 내용을 살펴보자.

① 안동은 지대가 낮아 긴 강이 둘러싸여 매번 수해로

땅이 나누어지는 근심이 있었습니다(被水齧蕩析之患). 이전부터 제방(防築)을 쌓았으나 또 무너집니다. 이번 해에 연군烟軍과 승군僧軍을 소집해서 역을 지웠는데, 아직 축조를 끝내지 못했습니다. 조선 정부는 이미 속오군이 봄가을로 조련을 할 때에 2년에 한정해서 1일에 한하여 역에 동원할 수 있다는 명을 내렸습니다. 올해 가을 훈련할 때에 이를 따라 부역을 했으나 제방이 완료되지 않아 만약 내년에 홍수가 나면 불행히 무너질 것이니 진실로 공이 무너지는 탄식이 있습니다. … 이번 가을 훈련부터 2일에 한하여 부역한다면 이 큰 공사를 마무리할 수 있을 것 같으니 이에 청합니다.

② 황해도 수군의 노고는 다른 도의 갑절입니다. 해마다 소금을 구워서 군량軍糧을 보태는 것은 이미 규정으로 정한 바 있습니다. 이제 또 소금 굽는 양을 늘려서, 평안도 군량을 보태게 하였습니다. 본도의 선군船軍[수군의 다른 말]은 근래 흉년으로 그 생계를 잃어 식량을 가지고 먼 길을 왕래합니다. 이에 따라 소금을 굽기도 쉽지 않아서, 어쩔 수 없이 관가에 곡식으로 대신 내기도 하여 이들의 삶이 날로 곤궁해질 뿐 아니라 국방도 소

홀해집니다. 더구나 지금 극성棘城 등의 관방關防은 먼저 신군을 부려서 쌓게 하므로, 노고가 아주 심합니다. 소금 굽는 것을 더 정한 것을 면제하여 그 생활을 넉넉하게 하소서 하고 청하니 국왕이 그대로 따랐다.

낙동강 상류에 있는 안동은 물로 인한 침수 피해가 상당했던 것 같다. 때문에 이를 방지하기 위한 제방 축조가 논의되었다. 경상감사는 스님이나 연호군을 차출해서 제방 축조를 완료하고 싶었다. 하지만 제방 축조에 동원된 인원은 많지 않았다. 인력이 부족해지자 경상감사는 속오군에 훈련을 면제하고 역사에 동원하게 해 달라고 중앙에 요청했다. 이 시기에는 속오군의 노역 동원이 어느 정도 허용되었다. 국가에서도 2년에 1일을 동원하는 것을 허가하는 명령을 내린 바 있었기 때문이다. 이러한 속오군의 노역 동원은 후대로 내려갈수록 빈번하게 이루어지는 일이었다.

수군도 많은 노역에 동원되었다. 먼저 성 쌓기다. 수군은 황해도 황주에 있는 극성을 쌓는 데 동원되었다. 다음으로 중요한 것은 소금 굽기였다. 소금은 인간의 생명을 유지하는 데 있어 가장 중요한 물품 중 하나다. 현재에는 바닷물을 햇볕에 말려 소금을 생산하지만, 조선시대만 하더라도 바닷물을 끓여서 소금을 생산했다. 전자의 방식으로 생산한 소금을 천일염天日鹽, 후자의 방식으로 생산한 소금을 자염煮鹽이라고 한다. 이러한 소금 생산에 동원된 것이 수군이었다. 이들은 대부분 연해 지역에 살았기 때문에 소금 굽는 것에 익숙했다.

인용문 ②에서는 군량을 얻기 위해 소금을 굽는다는 표현을 하였다. 그렇다면 어떻게 소금으로 군량을 획득할 수 있었을까? 이는 당시 소금 유통과 관계가 있다. 바다를 끼고 있는 연해 지역은 소금의 생산이 활발한 편인 반면, 내륙 지역은 소금 생산이 적었다. 연해 지역 백성들은 이런 상황을 잘 활용해 소금을 생산해 내륙으로 가져다 팔아 막대한 이익을 얻었다. 여기서 군량을 얻는다는 말은 소금을 내륙 지역에 팔고 곡식을 가져와 군량을 비축하는 데 썼다는 의미이다.

3

국방 의무의 한 형태,
세금

부담은 크고, 균일하지도 않다!

　조선시대 군역자 중 일부는 호수가 되어 군대에서 군사 업무를 보았다. 그런데 군역자의 대부분은 군대에 가지 않고 대신 세금을 내는 사람들이었다. 이들은 군사 재정을 조달하는 업무를 했다고 할 수 있다. 군역세를 내는 것이 군대에 가는 것보다 고통스럽지는 않았을 것이다. 그렇다고 하더라도 군역세를 내는 사람들의 고통도 적었다고는 할 수 없다. 『조선왕조실록』인조 14년 8월 20일의 기사를 살펴보면, 대사간 윤황尹煌은 군역세를 내는 고통에 대해 다음과 같이 설명하였다.

군역軍役의 고통은 양반(士)·농민(農)·장인(工)·상인(商) 등 모든 백성에게 제일 심하여, 마치 구덩이 속에 파묻혀 죽는 것처럼 생각합니다. 죽기를 한하고 모면하여 10호가 살고 있는 촌락에 군으로 정하여진 자는 겨우 1-2명에 지나지 않고, 그 나머지는 모두 여러 가지 평계를 대면서 군역에서 빠졌습니다. 그 이유는 사족土族·품관品官·유생儒生·충의忠義·공장工匠·상고商賈·내노內奴·사노寺奴라고 하거나, 서리書吏·생도生徒·응사鷹師·제원諸員·악생樂生이라고 하니, 이를 이루 다 기록할 수 없습니다. 더구나 양민이 군역을 피해 승려가 되는 자가 열에 예닐곱이니, 병사의 수가 어찌 적지 않을 수 있으며 국력이 어찌 약하지 않을 수 있겠습니까.

이 말에 따르면, 당시 사람들은 군역에 충원되는 것을 '구덩이 속에 파묻혀 죽는 것'으로 여길 만큼 고통스러워했다고 한다. 물론 그의 말이 다소 과장된 것임에는 분명하다. 당시 국왕에게 말하는 것이니, 자신의 의도를 좀 더 과장되게 전달할 필요가 있었을 것이다. 이런 점을 고려하더라도 이 말의 취지까지 틀렸다고 보긴 어렵다. 당시 백성들이 군역을 지는 것을 고통스럽게 여겼던 것은 분명하다.

그렇다면 이렇게 군역의 고통이 컸던 이유는 무엇이었을까? 첫째, 가장 근본적인 이유로, 국가에서 부과하는 군역자의 숫자가 군현의 인구가 감당하기에는 어려웠기 때문이다. 이러한 현상을 당시 사람들은 '군다민소軍多民少'라고 불렀다. 군다민소 상황이 계속되면 한 군현에서 부담해야 하는 군역의 총량이 증가해 여러 군역 문제가 일어나는 배경이 되었다.

둘째, 한 명이 부담하는 군역의 양이 당시 백성들의 생활 수준에서는 감당하기에 벅찼다는 것이다. 우참찬 송준길宋浚吉은 토지를 조금 가진 집을 예로 들어 당시 군역세의 부담이 얼마나 컸는지 설명하였다. 그는 토지를 조금 가진 집이 풍년이 되어 소득이 늘어났다고 가정하였다. 하지만 이 소득으로 빚을 갚고 세금을 내고 나면 남는 것이 없었다. 그러면 군역세는 어쩔 수 없이 가지고 있는 토지를 팔아서 마련할 수밖에 없었다. 그런데 농민이 토지를 팔면 정착하지 못해 '처자식을 이끌고 울부짖으면서 떠돌게 되는 상황'에 빠지게 된다. 그런데도 친척은 감히 만류하지 못하고 이웃도 머물러 살게 할 수가 없게 된다는 것이다. 당시 토지를 조금 가진 집은 못 사는 집이라고 하기는 어려웠다, 그렇다면 이 집보다 가난한 집은 어떻겠냐는 논지였다.

셋째, 군역 부담이 병종별로 불균등했다는 점이다. 어떤 사람은 군역에 동원되고, 어떤 사람은 동원되지 않았다. 또한 군역에 동원되었다고 하더라도, 어떤 군역에 충원되었는지에 따라 부담의 양이 달랐다. 이는 조선시대 주요 병종별로 내는 세금과 납부 주기를 보면 쉽게 짐작이 가능하다.

군대	병종		납부액	납부 주기
훈련도감	포보		포목 3필	12개월
	군향보		미 12두	12개월
어영청	자보		포목 2필	12개월
	관납보	미보	미 12두	12개월
		목보	포목 2필	12개월
금위영	자보		포목 2필	12개월
	관납보	미보	미 12두	12개월
		목보	포목 2필	12개월
병조	기보병		포목 2필	16개월
수군	방군, 사부 등		포목 3필	13개월

표2 각 군문의 세금 납부 병종과 납부액
미는 쌀이다. 1두는 한 말이다

조선 주요 군대의 세금 납부 모습을 살펴보면, 모든 병종이 같은 액수를 내는 것은 아니라는 사실을 알 수 있다. 세금으로 내는 현물도 병종마다 달랐다. 어떤 병종은 미를 내고 어떤 병종은 포목을 냈다. 또한 액수가 같은 것도 아니었다. 훈련도감 포보는 포목 3필을 내는 데 비해, 같은 중앙 군문인 어영청의 관납보는 2필을 냈다. 납부 주기도 병종마다 달랐다. 상당수 병종이 1년을 주기로 해서 세금을 냈지만 어떤 병종은 16개월 혹은 13개월을 주기로 하였다.

더군다나 이들이 내는 현물의 품질도 병종별로 차이가 있었다. 포목의 품질은 소위 승수升數와 척수尺數로 결정된다. 승수는 일정 면적에 들어가는 실의 숫자이다. 그러므로 승수가 높다는 것은 일정 면적에 들어가는 실이 많아 촘촘하다는 뜻이 된다. 또한 척수는 1필을 구성하는 포목의 길이이다. 보통 40척尺이 포목 1필이 되지만, 반드시 그런 것은 아니었다.

일반적으로 육군은 6승 40척짜리 포목을 내는 것이 원칙이었다. 어영청이나 금위영의 보인이 내는 포목이 이 평균치에 가장 가까웠다. 이에 비해 훈련도감 포보가 내는 포목은 일반 육군보다 훨씬 좋았다. 어떤 자료에서는 7승포라고 하기도 하고, 어떤 기록에서는 8승포를 냈다고 한다. 이에 비해 수군은 보통의 포목보다 질이 좋지 않은 5승 35척짜리 포목을 냈다. 포목은 그 질에 따라 가격이 책정되었다. 이들이 내는 포목의 가격 차이도 상당했다. 보통 6승 40척짜리 포목은 2냥으로 가격이 책정되는 데 비해 수군이 내는 포목은 1.6냥, 훈련도감 포보가 내는 포목은 3.5냥으로 책정되었다고 한다.

이러한 점을 살펴보면 이들 군인이 내는 세금은 물품의 종류, 양, 품질, 그리고 납부 주기가 모두 달랐다는 것을 알 수 있다. 그렇다면 이렇게 같은 군역자가 다른 부담을 지고 있던 이유는 무엇인가? 정확한 이유는 알 수 없으나 이들이 내는 금액은 군문의 수요에 따라 임기응변적으로 결정되어서 부담의 통일이 어려웠을 가능성이 있다. 훈련도감, 어영청, 금위영은 임진왜란과 병자호란을 겪은 17세기에 설치되었다. 이 시기는 대외적인 위협이 강조되었기 때문에 영의 설치 과정에서 백성의 부담 형평성보다는 군영을 설치하고 유지하는 문제가 더 크게 고려되었을 것이다. 또한 임진왜란 이전에 있었던 병조 기·보병과 수군은 그 부담액이 중앙 정부에 의해 규정되었다기보다는 관행에 의해 결정되었을 가능성이 크다.

군역세의 부담이 전반적으로 무겁고 공평하지 않다는 점은 당시 군역 운영에 있어서 여러 가지 문제가 되었다. 그 문제는 군역자가 군역을 모면하기 위해 노력한다거나 보다 부담이 적은 군역으로 옮겨 가길 원한다는 것이었다. 윤황의 언급에서 알 수 있듯, 당시 백성은 자신이 군역을 지지 않는 사람이라는 것을 강조하기 위해 여러 가지 핑계를 대었다. 자신을 사족이나 노비, 그리고 응사라고 칭하면서 군역을 면제받았던 것이다. 심지어는 군대에 가지 않는 스님이 되기도 했다. 이러한 백성들의 군역 기피 현상은 군인 자원의 감소를 낳을 것이 분명했다.

또한 군역의 대상이 될 수 없는 사람들이 군역에 충원되는 일도 벌어졌다. 많은 사람이 군역에서 도망가자 군역 운영을 책임진 수령들은 부족한 군역 자원을 다른 데서 확보하고자 하였다. 저항이 어려운 어린아이나 노인에게 군역을 부과하는 촌극이 발생한 것이다. 1659년(현종 즉위년) 상주의 보인 강사인姜士仁이 어머니의 배 속에 있을 때부터 군역을 지게 된 일로 문제가 된 일이 있었다. 이를 조사한 조선 정부는 강사인의 군역세를 면제해 주고, 상주의 수령을 처벌하는 것으로 일을 마무리했다. 당시 사관은 "어린아이에게 군포를 징수하는 것은 민생의 큰 폐단이 되는데, 심지어 태어난 지 한 달도 안 되는 아이까지 역무에 배정되니, 이는 고금에 없었던 일로 참으로 한심하다고 하겠다"라는 평가를 남겼다.[22] 어린아이에게 군역을 부과하는 문제가 논란이 되자 일부 수령은 나이를 속이면서까지 어린아이를 군역에 충원하는 일도 벌어졌다.

조선 정부에서도 이러한 문제를 모를 리 없었다. 이에 대외 정세가 점차 안정되는 17세기 후반부터는 군역세의 공평한 납부를 위한 여러 가지 논의가 진행되고 다양한 조치가 시행되었다. 이를 양역변통良役變通이라고 한다.[23] 양역良役은 양인들이 지는 군역을 의미하고, 변통은 개선한다는 의미이니, 양역변통

은 말 그대로 양인들이 지는 군역을 어떻게 개선할지에 대해 논의하는 것이다.[24]

조선 정부는 천천히 군역의 부담을 통일하는 방향으로 나아갔다. 특히 훈련도감의 포보와 수군은 주요 개선 대상이었다. 그 이유는 전술한 바와 같이 일반적인 육군의 역가보다 과도한 양을 냈기 때문이다. 1662년(현종 3) 훈련대장 이완李浣은 포보의 숫자를 늘려 백성의 부담을 줄이는 방안을 강구했다. 당시 포보의 숫자는 1만 9590명이었는데 여기에 새로이 9천 명 정도를 더하면 훈련도감의 재정 손실 없이 포보의 역가를 3필에서 2필로 줄일 수 있다는 것이었다.

그림 18 병보제의 개념

훈련대장 이완이 주장한 것은 병보제幷保制라고 한다. 이 병보제의 방식은 생각보다 간단하다. 본래 포보 두 명이 3필씩 6필을 내던 것을 포보 두 명과 병보 한 명, 총 세 명이 2필씩 6필을 내게 만드는 것이었다. 이렇게 하면 훈련도감은 군역세의 감축에 따른 손실을 없앨 수 있고, 포보 입장에서는 군역세를 2필만 내면 되니 이득이었다. 그런데 이러한 병보제는 실시 초기에 난항을 겪었다. 병보가 생각만큼 잘 모이지 않은 것이다. 또한 '자망自望'이라는 방식으로 병보를 모집한 것도 문제였다. 자망은 병보를 관청에서 모집하는 것이 아니라 포보가 직접 병보를 모집해야 한다. 만약 병보를 모집하지 못하는 보인이 있다면 그는 역가 삭감을 받지 못하는 것이다. 이러한 문제는 이후 여러 차례 논의되었고 포보의 세금은 결국 1687년(숙종 13)에 2필로 줄게 되었다.[25]

수군이 내는 세금도 줄여야 한다는 의견은 이미 17세기 초반부터 제기되었다. 수군의 세금을 줄이는 방안으로는 훈련도감 포보와 마찬가지로 병보제 실시가 논의되었다. 수군에서 공식적으로 병보제를 제도화한 시기는 1665년(현종 6)이었다. 하지만 병보를 제대로 모집하지 못한 수군이 많아 문제가 되었다. 조선 정부에서는 1704년(숙종 30) 수군진의 재정 개혁을 하면서 수군 역가를 3필에서 2필로 낮추고자 했다. 하지만 이 조치는 수군진의 직접적인 반발에 부딪혔다. 조선 정부는 이를 무마하면서 수군의 역가를 낮추는 정책을 포기하지 않았다. 이런 방식으로 조선 정부는 포보와 수군이 내는 세금을 2필로 줄이는 데 성공했다.

하지만 포목의 필 수 통일만으로는 공정한 부담을 담보할 수 없었다. 군역자가 내는 포목의 품질을 통일하는 것도 필요했다. 조선 정부에서는 6승 40척을 기준으로 포목의 품질을 통일하고자 했다. 이러한 포목의 통일이 한순간에 이루어진 것은 아니었다. 17세기 후반에는 포보가 내는 포목을 6승 40척으로 낮추는 조치가 시행되었다. 이후 1704년(숙종 30) 수군이 내는 포목의 질을 6승 40척으로 높이는 조치가 있었다. 훈련도감 포보의 포목 질을 낮추는 것보다 수군의 포목을 질을 높이는 것이 훨씬 어려웠다. 그 이유는 포목의 질을 더 좋은 것을 내게 한다는 것은 부담을 늘린다는 의미였기 때문이다. 조선 정부는 계속에서 수군이 내는 포목의 질을 올리고자 하였으나 여러 가지 저항에 직면했다. 1750년(영조 26)에야 비로소 포목의 질이 6승 40척으로 올라가게 되었다.

또한 다른 한편에서는 군역자의 숫자를 줄이는 방안도 언급되었다. 각급 기관에서 사사롭게 모은 군역자를 없애고, 일부 병종의 정원을 줄였다. 또한 군대의 편제를 조정해서 필요 없는 사람들을 삭감하기도 했다. 병종별 군역자의 숫자를 공식적으로 정하는 '정액定額' 등의 조치를 해서 군역자가 일정 숫자를 넘기지 못하게 규정하기도 했다. 하지만 이 조치로 군역자의 숫자가 현격히 줄지는 않았던 같다.

군역세 개편에 대한 여러 의견

호포·호전론

국가에서 군역 문제를 군역의 균등화와 부담 감소라는 두 가지 측면에서 접근했다면, 당시 개혁가들은 정부의 정책보다 근본적인 대책이 필요하다고 보았다. 이 중에 가장 유력한 방안으로 호戶를 기준으로 군역세를 부과하자는 호포론이나 호전론이 제기되었다. 호는 지금의 가호家戶라고 이해하면 편하다. 호에 포목을 부과하자고 하면 호포론이고, 돈을 부과하자고 하면 호전론이 된다. 이 두 방안 모두 호를 기준으로 군역세를 부과하자는 논의인 만큼, 이 글에서는 호포·호전론으로 통일하고자 한다. 호포·호전론은 17세기 중엽부터 꾸준히 제기되었다. 호포·호전론의 내용을 잘 요약한 자료는 『조선왕조실록』 숙종 7년 12월 15일 기사에 실린 병조참판 이사명李師命의 상소이다.

현재 중앙과 지방의 비용이 해마다 수십만 필에 지나

지 않습니다. 그런데 신이 무오년(1678, 숙종 4)의 서울과 지방의 장부를 가져다 상고하여 보니, 원호元戶가 1백여 만이며 그중에서 대략 공천公賤·사천私賤과 폐질자廢疾者·유면자流丐者 등 포목을 징수할 수 없는 자 40여만 호를 제외하면 포를 징수할 수 있는 실호實戶는 70여만 입니다. 지금 만약 당唐대 민정民丁을 계산해 부역(庸)을 하는 법을 모방해 한 집안의 남녀男女 상하上下 8구口 이상을 완호完戶라고 하여 봄과 가을에 각각 포 1필을 바치도록 하고, 8구 이하를 약호弱戶라고 하여 가을에만 1필을 바치도록 하되, 그 토산土産을 따라 더러는 면주綿紬로, 더러는 마저麻紵로, 더러는 은전銀錢으로 하게 하면, 한 해에 바치는 것이 8, 90만 필이 될 것이니, 제반 신역의 값과 군현 군병의 수요에 두루 지급할 수 있을 것입니다.

이사명은 먼저 국가 운영에 필요한 포목을 '수십만 필'로 산정했다. 이 중에서 상당수는 군역자들이 낸 포목일 것이다. 만약 군역자에게 포목을 걷지 않는다면, 어떤 식으로 이 포목을 조달해야 할까? 이사명은 바로 호에 포복을 부과하는 방안을 주장했다. 호는 이미 조선 정부가 조사하여 파악하고 있었다.

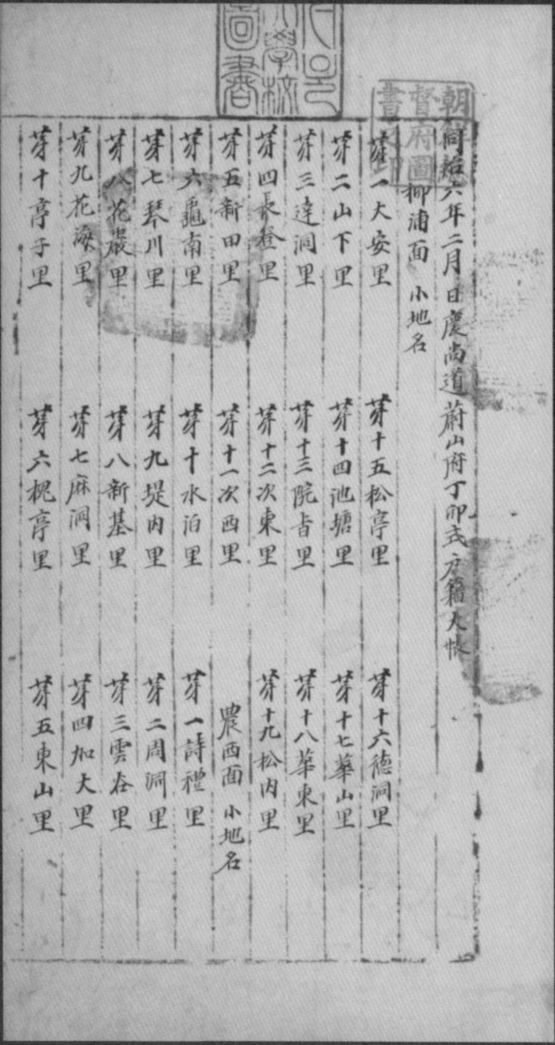

同治六年二月日慶尚道蔚山府丁卯式方籍大帳

柳浦面 小地名

雍一大安里
芽二山下里
芽三達洞里
芽四長春里
芽五新田里
芽六龜南里
芽七琴川里
芽八花巖里
芽九花源里
芽十亭子里

芽十一次西里
芽十二次東里
芽十三院卜里
芽十四池塘里
芽十五松亭里

芽十水泊里
芽九堤內里
芽八新基里
芽七麻洞里
芽六槐亭里

芽十六德洞里
芽十七華山里
芽十八華東里
芽十九松內里

農西面 小地名

芽一詩禮里
芽二周洞里
芽三雲呑里
芽四加大里
芽五東山里

그림 19 1867년(고종 4) 울산부 호적, 『고종사년정묘울산호적대장』, 서 울대학교 규장각한국학연구원 소장

당시 조선에서는 3년에 한 번씩 가족관계, 가족의 벼슬, 소유 노비 등이 기록된 호적戶籍을 작성하였다. 이 문서는 3년에 한 번씩 수정하는 것이 원칙이었다. 수정할 때는 호에서 호구단자를 올려야 했다.

이사명은 자신의 의견을 주장하기 위해 1678년(숙종 4)에 수정된 호적을 참고하였다. 당시 조선 정부에서 파악한 호는 약 1백여만 호쯤 되었다. 그는 신분이나 경제적인 이유, 그리고 질병 등의 이유로 포목을 걷을 수 없는 호인 40여만 호를 제외하고, 나머지 70여만 호를 호의 구성원 수를 고려해서 군역세를 걷자고 주장했다. 그는 호를 구성원 숫자를 기준으로 두 가지로 나누었다. 여덟 명을 기준으로 구성원이 많은 호를 완호完戶라고 하여 봄과 가을에 각각 포목 1필씩 총 2필을 내고, 그보다 적은 호는 약호弱戶라고 하여 가을에만 1필을 내게 하자는 것이다. 이렇게 하면 8, 90만 필을 확보할 수 있고, 이 정도 비용이면 군문에 들어가는 비용을 충분히 충당할 수 있다는 것이다.

이사명의 주장은 '고위 관료(公卿)로부터 천한 백성까지 한 집도 포를 내지 않는 자가 없는' 호포론의 취지와 의미를 잘 요약한 것이라 할 수 있다. 이사명은 이 방식이 실시되면 불법이나 편법적인 방식을 통해 군역으로부터 도망가는 도고逃故, 군역 대상자가 아닌 어린아이들에게 포목을 징수하는 아약兒弱,

이웃에게 포를 징수하는 인족隣族 등의 폐단을 없앨 수 있을 것이라 생각했다. 호포법은 다른 방안에 비해 논리적으로 정교한 체제를 가졌다. 여러 대신이 호포제에 대해 찬동하자 호포법을 실제로 실현해 보자는 의견이 제시될 정도였다.

하지만 반대 의견도 만만치 않았다. 사간 송광연宋光淵은 호포법이 실행되기 어려운 이유를 두 가지로 정리했다. 첫째, 조선은 천민이 양민보다 많은데, 양민이 내는 포목만 가지고서는 군대에 쓰는 비용을 조달하기 어렵다고 주장했다. 또한 이미 개인에게 예속되어 역을 진 천인에게 국가에서 역을 부과하는 것은 안 된다는 것이다.

둘째, 양인 한 명이 두 개의 역을 지는 것, 즉 한 사람이 이중수세를 당할 가능성이 높다는 것이다. 만약 호포제를 실시한다고 해도 누군가는 군대에 가서 근무를 서야 했다. 호포제를 실시한 후에 장정들은 군대(部伍)에 가고 아이나 노인은 보솔保率로 충원된다. 이들에게 다시 호포라는 이름으로 세금을 걷게 된다면, 이는 세금을 이중으로 걷게 되는 문제로 귀결될 수 있다.

이 외에도 호포제가 양반의 이해에 어긋나므로 실시되기 어렵다고 주장한 사람도 있다. 대사헌 이단하李端夏는 모든 물품에는 귀하고 천함, 두껍고 얇음, 크고 작음, 가볍고 무거움이 있다고 전제하고, 국왕이 천하를 다스릴 때도 귀한 자를 귀하게 여기고 천한 자를 천하게 여겨야 한다고 하였다. 하지만 호포나 호전은 귀한 사람과 천한 사람이 모두 군역을 지니 문제가 생긴다는 것이다. 특히 사대부의 자식들은 고생하며 열심히 공부했음에도 천인과 같이 군역을 지는 것이 억울할 것이라고 주장하였다. 조선은 사대부를 우대해야 하는데 호포나 호전은 그렇지 못하다는 주장이다.

또한 호적 제도가 제대로 정비되지 않아 호포·호전을 하기 어렵다는 주장도 있다.[26] 판중추부사 이유李濡는 양역변통에 대한 상소문을 올려 당시 군역 문제를 논의하면서 호포제를 비판하였다. 그는 호 안에 구성원은 많고 적음이 있고, 구성원 중에 남자의 숫자도 차이가 있으므로, 군역 담당자들은 자신의 유불리에 따라 호를 합치거나 분리한 일이 빈번해져서 호적의 법이 무너질 것이므로 실시하기 어렵다고 주장했다.

이러한 사간 송광연, 그리고 대사헌 이단하, 판중추부사 이유의 논의는 호포·호전이 지연되는 결정적인 계기를 마련하였다. 숙종은 호포에 대해 긍정적으로 생각했고, 이를 평안도에서만이라도 시행해 보고자 하였으나, 결국 사헌부 등 대간의 반대로 인해 시행되지 못했고, 호포·호전 논의도 수면 아래로 가라앉았다.

호포·호전론은 숙종 연간에 양역 문제를 해결하는 데 가장 유력하게 대두했던 방안이었다. 그 결과 평안도에서 한번 시행해 보자는 논의가 오갈 정도였다. 물론 논의 과정에서 여러 가지 문제가 제기되었다. 호에 따른 차등 수세가 군역세 부담의 균등성을 보장해 주지 못하는 측면도 지적되었다. 하지만 이 방안의 생명력은 균역법 시행 이후에도 계속 이어져 결국 19세기 후반에 비로소 시행되게 된다.

구포·구전론

구포·구전론은 일정한 나이 이상의 남녀 모두에게 포를 거두어서 군대 운영에 필요한 비용을 대자는 것이다.[27] 구포·구전론을 제기한 논자 중에 가장 체계적인 이론을 제기한 사람은 바로 우의정 신완申琓이었다. 『조선왕조실록』숙종 28년 8월 11일의 기사에 따르면, 그는 국정 운영 전반에 대한 여덟 가지 개혁론을 제시했는데, 이 중 여섯 번째가 군역세 관련 방안이었다.

여섯 번째는 … 인조 대부터 일찍이 군적軍籍·호포戶布·구전□錢에 대한 논의가 있었습니다. 이 중 군적은 지금 상황에서 결코 시행할 수가 없으며, 호포도 균등하게 부과하기 어렵습니다. 구전은 한나라 때부터 이미 시행하였는데, 지금 만약 나라에서 1년 동안 군포로 쓰는 비용을 통틀어 계산해서, 중외中外의 호구戶口에 균등하게 나누되, 귀천을 논하지 않고 호구를 헤아려 돈(錢)을 거두어 겨우 잇대어 쓸 만할 정도로 그쳐 군포를 대신하게 합니다. 그 이후에 양민良民과 천민賤民을 논함이 없어, 정장丁壯을 잘 골라 뽑아서 취재取才하여 충원한다면, 백성에게서 취하는 것은 매우 적은데도 나라의 쓰임새는 넉넉해지며, 군대의 사기는 늘어날 것입니다.

　신완은 군보, 즉 군역자에게 포목을 징수하는 법은 유가에서 이상적으로 생각하는 사회인 중국의 고대 사회에는 없었다고 하였다. 그런데 이러한 고대 사회를 본받아야 하는 유교 국가인 조선은 군인이 되면 포목을 바치는 규례가 있다고 하였다. 더군다나 포목을 바치는 규례는 잘 운영되지 못했다. 침탈이 심하고 부담도 균일하지 않았던 것이다. 그는 이러한 현실 인식을 바탕으로 당대 제시되었던 호포·호전 등 여러 가지 방안을 검토했던 것 같다. 그는 군적을 고치는 것은 시행하기 어렵고, 호포도 사실 호의 경제력을 고려해서 세금을 거두어야 했기 때문에 세금의 부담이 균일하다고 볼 수 없다고 지적했다. 그러므로 구전이 가장 적당하다는 것이다. 그는 당시 군역자가 내는 군역세의 총량을 산정하고, 이렇게 산정된 금액을 전국의 인구에 나누어서 걷자고 주장하였다.

구포·구전론과 비슷한 방안으로 정포론丁布論이 있다. 정포론은 정丁, 즉 성인 남성에게만 군역세를 부과하자는 방안이다. 정포론을 주장한 것은 판중추부사 이이명李頤命이다. 그는 호를 기준으로 세금을 부과하면, 세금을 피하려고 간사한 백성이 두세 호를 합쳐서 하나의 호를 만들 것임을 염려했다. 이로 인해 호의 수가 줄게 되고, 당연히 거두어야 할 포목의 숫자도 줄 것이라고 예견하였다. 그리고 호를 수세 단위로 하면 호의 경제력에 따라 부세를 균등하게 부담시키기가 어렵다고 하였다.

그는 이러한 검토 끝에 구포·구전론이 가장 좋다는 사실을 알았다. 일반적인 구포·구전론과 달리 그의 방안에서는 모든 사람이 군역세를 내야 하는 것은 아니었다. 군역세를 내지 않는 사람이 있는 것이다. 노비 등 공·사천, 충신·효자·열녀 및 공신功臣의 적장嫡長, 종친宗親·문관文官·무관武官의 2품品 이상 관직자, 노약자·병자·거지 등과, 부모의 나이가 여든이 넘은 자와 당번當番하거나 장정長征하는 병사는 구전을 면제하도록 하였다. 구전의 액수는 약 포 0.5필 정도로 결정되었다.

그는 이 방안을 실행하기 위해서 병적 기록부인 군적軍籍을 통해 15세부터 60세 이하의 남자 중에서 면제되는 자를 제외하고 나머지 사람들이 내는 구전의 총량을 계산해야 하며, 또한 다른 한편에서는 병조, 훈련도감·어영청·금위영 등 삼군문과 더불어 감영·병영·수영 등과 지방의 진에 필요한 비용을 계산하였다. 그리고 전자의 양과 후자의 양을 비교 검토해 볼 필요가 있다고 하였다. 이를 바탕으로 대동세를 관리하는 선혜청처럼 사람에게 거둔 군역세를 관리할 수 있는 관청을 설치하여 운반비인 뱃삯과 말값 등과 이 외의 지출 등을 관장하도록 하자고 했다. 만약에 군포 수입이 많고 지출이 적다면 나머지를 저축해 두었다가 홍수나 가뭄, 그리고 한파 등으로 인해 발생하는 비용에 쓰고, 저축한 양이 늘어나면 군역세 자체를 감면하는 방식으로 가야 한다고도 주장했다. 아울러 만약에 비용이 부족하다고 하면 지금 왕실이나 정부 기관에서 사적으로 점유한 어세와 염세를 국가로 환속시켜 사용하는 것도 좋을 것이라고 제안했다.

이러한 방안을 바탕으로 이이명은 군사 개혁론도 강력하게 주장하였다. 그는 현재 금위영과 어영청, 그리고 훈련도감까지 합해 한양에 있는 군대 수가 5천-6천 명 정도밖에 되지 않아서 수도 방위에 필요한 군인의 수가 부족하다고 하였다. 그는 양정 30만 명을 뽑아서 1만 명씩 번을 나누어 수도에 상번하도록 하자고 하였다. 그리고 30만 명 안에서 상번하는 자는 그해의 구전을 면제하고 나머지 상번하지 않는 자도 세 사람이 한 사람 몫의 구전(一布), 즉 0.5필 정도를 내게 하자고 하였다. 또한 양정 30만 명 중에 상번하지 않는 자는 각도의 병사에게 봄가을로 조련하도록 하고 유사시에는 왕을 호위하도록 하자고 하였다.

이이명의 방안은 신완의 방안에 비해 훨씬 체계적이고 구체적이다. 기존 논의에 대한 비판과 자신의 의견, 그리고 그 실행 방안까지 모두 들어 있다. 이러한 구전론은 양반 사족층까지 수세 대상으로 참여시킨다는 점에서는 호포론과 비슷하다. 하지만 호포론보다 급진적인 성격이 있었다. 호포론은 호의 크기에 따라서 차등 수세를 일정 부분 인정해 주는 데 비해 구포론은 인구수를 기준으로 하므로 차등 수세를 허용하지 않았다.

결포·결전론

마지막으로 다루어 볼 개혁안은 결포結布·결전結錢론이다. 결포·결전론에서 앞 글자인 결結은 조선시대에 토지를 측량하던 단위이다. 현재 사용하는 '평'이나 '제곱미터' 정도로 이해하면 편할 것 같다. 다만 이 결은 면적 단위가 아니라 생산력 단위이다. 즉 1결만큼 생산되는 규모의 토지가 1결인 것이다. 토지 품질이 가장 좋은 토지(1등전)는 약 3천 평 정도가 1결이었다. 토지의 비옥도가 좋지 않을수록 1결의 크기는 커진다. 어쨌든 결포·결전론은 토지를 기준으로 군역세를 부과하자는 논의이다.

결포·결전론은 호포 관련 논의가 힘을 잃어 가는 숙종 대 후반부터 본격적으로 시작됐다. 결포론의 대표적인 주창자는 이건명李健命이었다. 그의 논의는 다소 복잡하다. 먼저 다양한 군역세를 전부 1필로 줄여서 통일하는 것이 전제되어야 한다. 이렇게 군역세가 줄면 군대가 재정 손실을 볼 것임은 분명하다. 이렇게 생겨난 손실분을 토지세로 거두어 보충하자는 것이다.[28] 물론 이 토지세의 단위는 포목이나 돈일 것이다.

1747년(영조 23) 전라감사 조영로趙榮魯는 이 방안을 전라도에 실제로 적용시켰다. 당시 전라도의 토지 규모는 22만 7590여 결이었다. 이중 각종 명목을 제외하면 실제 토지세를 거둘 수 있는 토지는 20만 결 정도가 되었다고 한다. 『승정원일기』 영조 23년 10월 23일 자에 따르면 그는 이곳에서 미 28두를 걷는다면, 기존의 전세나 대동세와 같은 토지세는 물론 군역세도 충당할 수 있다고 보았다. 조영로는 자신의 주장이 관철될 수 있는지를 살펴보기 위해 전주, 금구, 임실 등에서 한번 해 보고, 효과가 좋으면 다른 지역에서 확대하자고 주장하였다.

이건명이나 조영로의 결포·결전론은 군역자가 내는 세금을 면제하고 여기에서 생겨난 군영 재정 손실을 토지세로 메우

자는 것이었다. 이들 결포·결전론은 호포·호전론이나 구포·구
전론에 비해 몇 가지 장점이 있었다. 첫째, 결포·결전론은 수
세 기준이 토지이기 때문에 다른 개혁안에 비해 신분적 이해관
계가 관여할 여지가 적었다. 둘째, 토지라는 안정된 세원에 부
과하는 만큼, 수입의 안정적인 조달과 운영을 보장받을 수 있었
다. 셋째, 담세자의 경제력을 고려해서 부과할 수 있었다.[29]

그렇다고 해서 결포·결전론에 맹점이 없는 것은 아니었다.
국가 조세 체제에서 토지세의 비중이 높아진다는 문제가 있었
다. 조선에는 이미 전세, 대동세 등 토지를 기준으로 부과되는
많은 세금이 있었다. 이런 상황에서 군역세도 토지를 기준으로
부과한다면 토지를 기준으로 부과하는 세금이 지나치게 늘어
나는 문제가 생기는 것이다. 풍년에는 토지세 부담이 많아도 별
문제가 없지만 흉년에는 국가 예산 확보가 어려워지는 문제가
있었다.

이러한 비판에도 불구하고, 결포·결전론은 균역법 시행의
기본 설계도가 되었다. 다음에서는 이러한 여러 논쟁이 어떤 방
식으로 균역법으로 귀결되는지 살펴보고, 균역법이 어떤 원리
에 의해서 설계되었는지 살펴보고자 한다.

영조의 최대 치적, 균역법

균역법의 결정

호포·호전론, 구포·구전론, 결포·결전론 등 양역변통에 대한 여러 논의는 치열하게 전개되었다. 이러한 방안은 다양한 근거를 바탕으로 논의되었지만, 결론에 이르지는 못하였다. 이러한 저간의 사정은 『조선왕조실록』 경종 1년 6월 5일의 기사에 잘 나타난다.

> 양역[군역]의 피해는 화재나 홍수(水火)보다 심해서, 백성은 모두 도망가 마을이 텅 비어서 도둑들이 극성을 부리고 있습니다. 양역변통 방안을 논의한 지도 이미 오래되었습니다. 그러나 어떤 사람은 호포로, 어떤 사람은 구전으로, 어떤 사람은 결포로, 어떤 사람은 유포遊布로 하자고 하여 각자 자기 의견을 고집하기 때문에 끝내 의견 일치를 보지 못했습니다. 제 생각은 각도의 감사와 군현의 수령에게 최선의 방안을 강구하고 백성의 의견도 수렴하되, 그 의견을 나열하여 장계로 올리게 하여 묘당廟堂에서 결정하게 한다면 거의 변통할 길

이 있을 것입니다.

이렇듯 조선 정부에서는 군역세 관련 의견이 분분해 결정될 기미가 보이지 않았다. 이러한 논의가 급물살을 타게 된 것은 아이러니하게도 역병 때문이었다. 1750년(영조 26) 3월부터 역병이 돌기 시작했다. 이 역병은 사망자가 30만 명에 이른다는 추계가 있을 정도로 심했다. 상황이 심각하게 돌아가자 조선 정부에는 민심을 수습하기 위해 군역 문제를 해결해야 한다는 위기감이 감돌았다. 당시 조선 정부는 호포·호전론과 결포·결전론 등 두 방안이 가장 유력하다고 보았다. 그 이유는 그해 충청감사의 장계를 의논하는 자리에서 영조가 "호포와 결포는 시행해도 유포와 구포는 결코 시행할 수 없다"라고 못을 박아 버렸기 때문이다.

당시 유력한 경세가이자 영조의 총애를 받았던 호조판서 박문수朴文秀는 양역을 폐지하고 호포·호전론을 시행할 것을 적극적으로 주장했다. 그는 연간 필요한 군포 수입 12만 냥 가운데 7만-8만 냥은 규모가 크고 인원이 많은 대호大戶에 0.4냥, 중간 규모인 중호中戶에 0.3냥, 인원이 적은 소호小戶에 0.2냥을 거두어 충당하자고 주장했다. 그리고 나머지 3만-4만 냥은 지방 관청이나 왕실에서 걷던 어염세를 조선 정부로 귀속시켜 충당하자고 하였다.

이에 비해 충청감사 홍계희洪啟禧는 1749년(영조 25) 결포·결전론을 적극적으로 주장했다. 그는 "호포도 행할 만한 법입니다마는, 다만 호의 크고 작음을 구별하지 않으면, 크고 작은 신발이 동일 가격으로 거래하는 것과 같아 문제가 있습니다. … 결포는 토지를 위주로 하는 것인데, 토지는 숨길 수도 없고 변경할 수도 없습니다"라고 하였다. 이러한 두 대신의 의견은 기존 의견을 답습한 것이긴 하지만 여전히 상당한 설득력이 있었다. 국왕 영조는 호포·호전으로 할지 결포·결전으로 할지 고민하였다.

결론을 낼 수 없었던 국왕 영조는 홍화문弘化門으로 나가 군역 문제에 대한 백성의 의견을 듣고자 하였다. 이렇게 국왕이 궁궐 밖으로 나가 백성들의 의견을 듣는 것을 순문巡問이라고 한다. 국왕 영조는 5월 19일, 광화문 앞에 나가 1차 순문을 실시했다. 이 순문 때 모인 도성의 5부 방민과 금군禁軍 50여 명은 대부분 호포·호전론에 찬동하였고, 일부만 결포·결전론을 주장했다고 한다. 하지만 이들의 의견은 당시 여론을 정확히 반영한다고 하기는 어려웠다. 당시 기록에는 박문수가 사전에 참석자들과 접촉해 자신의 의견을 개진하지 말고 호포·호전을 주장하라고 재촉했다고 적혀 있기 때문이다.

실제로 영조와 박문수를 제외하고는 호포·호전론을 시행하자는 사람은 거의 없었다. 당시 관료들은 대부분 호포·호전만으로는 군대에 필요한 예산을 충분히 조달하기가 어렵다고 생각했다. 호포·호전론에 대한 회의론이 등장하는 상황에서, 5월 29일, 영중추부사 김재로金在魯는 현재의 군역세 납부 체제를 유지하면서 역가만 줄이자는 주장을 하였다. 그의 주장은 결포·결전이나 호포·호전을 통해서는 군대에 들어가는 비용을 모두 충당할 수 없으니 2필에서 1필로 역가를 줄이고, 여기에서 생겨난 군대의 수입 손실을 다른 재원을 찾아 메워 보자는 것이었다. 이러한 김재로의 방안은 상당한 지지를 받았다. 예조판서 신만과 판윤 조제호 등은 이 방안이 균등한 부세를 달성할 수 있는 것이라며 찬동했다.[30]

영조는 이러한 의견을 바탕으로 7월 3일 2차 순문을 진행했다. 『승정원일기』 영조 26년 7월 3일 자에 따르면, 이 순문에는 성균관 유생 60여 명과 한성부 백성들이 집결했다. 영조는 이 자리에서 현재의 군역세 납부 체계를 없애고 호포·호전을 해서 신분이 높은 사람이나 낮은 사람이 모두 공평한 부역 부담을 지는 것을 달성하려고 했다고 언급했다. 하지만 상황이 여의찮아, 역가를 1필 감하고 이에 따른 재정 손실을 호포·호전으로 채우는 것이 어떤지에 대해 의견을 구했다. 이에 대해 유생들은 호포·호전에 모두 반대했지만, 한양의 백성들은 호포·호전에 적극적으로 찬성하였다. 영조는 이 자리에서 역가를 1필 감한 이후에 결포를 시행하는 것은 어떤지도 물어보았다. 여기에 대해 매 결당 1냥 이상은 거두어야 한다는 의견이 개진되었다.[31]

이렇게 순문을 통해서도 의견이 정리되지 않자 영조는 호포·호전의 시행 대신 감필을 결정하였다. 그리고 2차 순문이 있은 지 6일 후인 1750년 7월 9일, 영조는 드디어 균역법 시행을 결정했다. 『조선왕조실록』 영조 26년 7월 9일 기사에 실린 영조의 말을 들어 보자.

> 구전은 한 집에서 거두는 것이니 주인과 노비의 명분이 문란하다. 결포는 이미 토지에 매겨진 세금이 있으니 더 부과하기가 어렵다. 호포가 조금 나을 것 같아 1필을 감하고 호전戶錢을 걷기로 하였으나 마음은 매우 불쾌하다. 영의정이 적은 액수를 걷는 것이 옳다고 하나 규정(節目)을 보면 이 역시 호구를 조사해 찾아내는 것이었다. … 호포나 결포나 모두 구애되는 사단은 있기 마련이다. 이제는 1필은 감하는 정사로 온전히 돌아가야 할 것이니, 1필을 감한 대체를 경 등은 잘 강구하라.

국왕 영조는 지금까지 대두된 여러 개혁안을 평가하였다. 영조는 구포·구전이 당시 신분제인 양인-천인의 구분을 무너뜨릴 수 있다고 지적했다. 결포·결전은 토지에 수세 항목이 너무 많이 몰릴 수 있다고 하였다. 영조는 당시 제기된 여러 방안의 문제점을 지적하고 군역세 1필을 감하는 것으로 결정하였다. 즉 군역세 납부 방식은 그대로 유지하면서 단순히 세금을 감하는 방식이 결정된 것이다. 이렇게 군역세를 줄이게 되면 군대 운영 비용을 원활하게 조달하기가 어려웠다. 영조는 세금 감면에 따른 군대 유지 비용 마련 방안을 마련하라고 대신들에게 지시하였다. 이제 문제는 세금 감면에 따른 군대 재정 보충 방안이 될 수밖에 없었다.

균역법의 원리

영조의 언급대로 군역세는 2필에서 1필로 감면되었다. 이제 균역법으로 발생할 군대 재정 문제를 어떻게 할 것인지에 대한 논의로 이어질 수밖에 없었다. 이에 대해서는 국가의 방대한 부세 체제 전체를 염두에 두고 논의를 이어 갈 수밖에 없었다. 처음에 논의된 것은 국가 지출을 줄이고 여기서 남는 돈으로 감세에 따른 재정 감축을 보충하자는 것이었다. 분정分定이 대표적이었다. 이 방안은 군역세 감면에 따른 소득 감소를 지방 관청에 할당해서 조달하자는 방안이었다.

하지만 이 방안은 국가의 감세 정책에 대한 부작용을 지방 관청에 전가한다는 이유로 반발이 심할 수밖에 없었다. 다른 세원을 찾기 어려웠던 조선 정부는 결국 토지세를 부분적으로 도입할 수밖에 없었다. 이것이 바로 '결전結錢'이다. 하지만 결전은 영조가 선택하기 어려운 것이었다. 그 이유는 영조가 균역법을 백성들에게 내리는 일종의 '은혜'라고 생각했기 때문이다. 그러므로 군역세를 감면하면서 다른 세금을 추가하는 것은 영조의 생각과 부합하지 않았다. 영조는 고심 끝에 다시 순문을 하기로 한다. 1·2차 순문이 있은 지 1년 만인 1751년(영조 27) 6월, 영조는 다시 순문에 나섰다. 이 순문에는 당시 대신을 비롯하여, 향리 등 많은 사람이 참여했던 것 같다.

영조는 명정문에 나가 "결전이 편리한가?"라는 질문을 던졌다. 이 질문에 대해 찬성과 반대가 분분했다. 윤관주尹觀周라는 사람은 토지세가 무거운데 거기에 추가로 토지세를 부과하는 것이 적합한지에 대해 의문을 표했다. 심지어 영의정 김재로는 호전을 다시 하자고 주장하였다. 이에 비해 병조판서 홍계희는 '조금도 방해가 없다'라고 하면서 결전을 찬성했다. 향리들까지 결전에 동의하자 영조는 병조판서 홍계희에게 결전을 실행

하되, 함경도와 평안도는 제외하라는 명령을 내렸다. 이에 따라 경기·충청·전라·경상·강원·황해도에서 결전이라는 토지세를 걷는 방안이 결정되었다.

이러한 결전과 함께 새로운 세원으로 논의된 것이 어염선세 漁鹽船稅였다. 이는 어세漁稅·염세鹽稅·선세船稅를 합친 말이다. 어세는 잡은 고기에 매기는 세금이며, 염세는 소금 생산에 매기는 세금이다. 선세는 어선을 비롯한 여러 종류의 배에 매기는 세금이다. 이 세금은 지방 관청이나 왕실에서 이미 거두고 있던 것이었다. 이들 세금으로 군문을 지원하자는 것이었다.

또한 은여결隱餘結에서 거둔 토지세도 논의되었다. 은여결은 은결隱結과 여결餘結을 합친 말이다. 이 토지는 비슷한 성격이지만 약간은 다르다. 은결은 은닉된 토지이고, 여결은 남는 토지이다. 조선 정부는 정확한 토지세 산정을 위해 30년마다 토지 조사인 양전量田을 해야 했다. 하지만 규정된 연도마다 양전이 행해지지 못했다. 토지 조사가 제대로 행해지지 못함에 따라 지방 관청에서는 중앙의 눈을 피해 토지를 개간해 농토를 은닉하거나, 토지 장부에 기록된 토지 외에 다른 토지가 생기기도 했다. 조선의 관료들도 이미 이러한 은여결의 존재를 알고 있었다. 따라서 이 토지를 조사한 후 균역청에 소속시켜, 여기에서 거둔 토지세로 균역청의 재정을 충당하자는 것이었다.

선무군관이 내는 포목인 선무군관포도 수입원 중 하나로 고려되었다. 선무군관의 정의는 모호한 편이다. 기록에 따르면 선무군관은 한산閑散 중에 '사족士族도 아니고 유음有蔭도 아니고 군보軍保를 돕기 위한 조정助丁으로는 아까운 사람'이라고 정의한다.[32] 이 정의에 따르면 이들을 '한산'이라고 지칭하는 것으로 볼 때, 이들은 기본적으로 본래 군역을 지지 않는 사람이었다. 그런데 이들은 사족이나 유음이 아니었다. 사족은 양반으로 당시 지배층에 속했다. 유음은 조상의 공덕으로 인해 벼슬에 나갈 수 있을 정도로 지체가 높은 사람이었다. 그러므로 이들은 군역을 지지 않는 사람 중에 최상위층이라고 보기는 어렵다. 그렇다고 이들을 일반 보인으로 충원하기에는 신분이 높은 사람이었다. 이러한 점을 검토하면 선무군관포는 즉 어느 정도 사회적으로 지체가 높은 사람 중 군역을 지지 않는 사람에게 세금을 부과해서 포목을 거두어 군대의 운영비로 쓰자는 것이었다.

　이처럼 군역세를 감면하는 데서 발생할 손실을 어떻게 보상할 것인가에 대한 다양한 논의들이 진행되었다. 조선 정부는 이러한 논의를 모아 균역법을 시행하기 위한 재원을 마련하였다. 이들 재원들을 걷어서 군대에 지급하는 새로운 조직을 만들 필요가 있었다. 그 조직이 바로 균역청均役廳이다. 이들 균역청에는 영의정, 좌의정, 우의정 등 국가 최고 관직자가 참여했다.

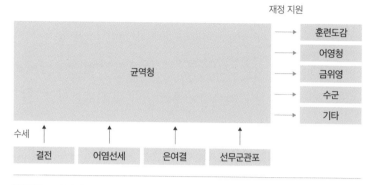

재정 지원

		훈련도감
균역청	→	어영청
	→	금위영
	→	수군
	→	기타

수세 ↑ ↑ ↑ ↑

| 결전 | 어염선세 | 은여결 | 선무군관포 |

그림 20 균역법의 원리

균역청은 호조 및 선혜청과 함께 3대 재정 기구로 위상을 정립했다.

한편으로는 군대에 지원해 줄 비용 산정도 진행되었다. 즉 군역세 감면에 따른 군대의 손실을 얼마나 보충해 줄 것인지에 대한 논의였다. 이러한 비용 지급을 '대신할 것을 지급한다'라는 의미의 '급대給代'라고 한다. 이를 위해서는 먼저 군대의 구조를 개편해야 했다. 훈련도감·어영청·금위영의 인원 감축과 구조 조정을 단행했다. 이를 통해 군부대의 정원이 일부 삭감되었다.

그렇지만 훈련도감·금위영·어영청 등에 대한 보상은 손실액에 육박할 만큼 많이 이루어졌다. 훈련도감의 예를 들어 보자. 훈련도감의 포보와 군향보 숫자는 각각 3만 7천 명과 7천 명이었다. 이들은 균역법 시행 전에 포목 7만 4천 필과 1만 4천 필(5600석)을 냈다.[33] 균역법이 시행되면 포보의 군역세가 1필, 군향보의 군역세가 포목 1필(미 6두)이 삭감되기 때문에 균역법 시행 이후 훈련도감은 포보에게 얻는 수입 3만 7천 필과 군향보에게 얻는 수입 7천 필(2800석)이 줄게 된다. 훈련도감의 조직 구조조정을 한 후, 포보에게 걷는 군역세 손실에 대한 보상으로는 3만 5630필이 책정되었고, 군향보에게 걷은 군역세 수입 손실에 대한 보상으로는 7천 필(2800석)이 책정되었다.[34]

그 결과 중앙 군문은 재정의 상당 부분을 균역청에 의지하게 되었다. 한 연구에 따르면 균역법 시행 이후 훈련도감은 전체 재원 중에 44.5%, 금위영은 31.3%, 어영청은 28.0%로, 삼군문은 평균적으로 38.1%를 균역청으로부터 지원받았다고 한다.[35] 이러한 수치는 균역청의 지원 없이는 군문의 운영이 사실상 어려웠다는 사실을 보여 주며, 그만큼 중앙 군문의 재정이 균역청에 예속되어 감을 보여 준다고 할 수 있다.

수군에 대한 손실 지원은 중앙 군문에 비해 충분히 이루어지지 않았다. 수군 1명의 군역세는 1인당 1필이 감면되었지만, 손실에 대한 보상은 1인당 0.5필이라는 기준으로 결정되었기 때문이다. 예컨대, 전라도 수군진 한 곳에서는 수군 890명이 군역세를 내도록 규정되어 있었다. 균역법 시행 이전에 이들의 군역세가 1인당 2필이었으므로 수군진은 산술상 1780필의 소득을 올렸을 것이다. 그런데 균역법이 시행되면서 이들의 수입은 890필이 줄은 890필이 되었다. 그렇다면 균역청에서는 수군진에 890필을 지원해야 수군진에 손실이 없다. 하지만 수군진에 지원해 준 것은 445필밖에 되지 않았다. 그러므로 부족분 445필은 수군진에서 감당해야 했다.[36] 이러한 상황은 다른 수군진도 마찬가지였다.

지금까지의 내용을 정리해 보자. 균역법의 시행에 따라 군역세가 줄었다. 군대는 군역세 수입이 줄어들면서 재정 문제가 발생했다. 조선 정부는 군대를 유지하기 위해 균역법의 시행으로 인한 손실을 보상해 줄 필요가 있었다. 조선 정부는 다양한 방안을 모색하였으나 뾰족한 수가 없었다. 결국, 결전, 어염선세, 은여결, 선무군관포에서 거둔 세금 등으로 조성한 자금으로 군대의 운영 비용을 보조해 주었다. 하지만 운영 비용의 보상 정도는 군문마다 달랐다. 중앙 군문은 상대적으로 손실만큼 보상받았지만, 수군과 같은 지방 관청에 대한 보상은 적었다.

4

약해지는 군대

지방 관청의 재정 손실과 군역자 폭증

중앙 군영이 균역청의 재정 지원을 받아 균역법 시행에 따른 손실을 보상받은 반면, 여러 가지 재원을 균역청에 빼앗긴 군현이나 급대를 적게 받은 지방 군문의 재정은 어려워지고 있었다. 『승정원일기』영조 30년 2월 13일 자에 따르면, 당시 균역법 추진에 중요한 역할을 했던 홍봉한洪鳳漢은 황해도 여섯 개 군현의 수입과 지출(公用)이 은결에 의지하고 있었는데, 이를 일시에 조사하여 찾아낸 이후부터 재정 부족에 시달리고 있다며 균역법 시행 이후 지방 군현의 재정 문제에 대해 언급했다. 이에 대해 좌참찬 조영국趙榮國도 특히 금천과 평산 등 황해도의 두 군현에서 이 문제가 심각하다고 하였다. 이러한 상황은 황해도에만 국한되지 않았을 것이다. 다른 도도 비슷한 상황에 부닥쳐 있었다.

균역청의 재정 지원이 적었던 수군진도 재정 문제에 봉착했다. 특히 삼도 수군의 최고 사령부인 통제영은 문제가 심각했던 것 같다. 이 군영의 지휘관인 통제사 구선행具善行은 통제영의 상황을 "군역세(軍布)를 감면해 준 뒤로, 전국의 백성이 너나없이 은혜를 입어서, 봄기운과 단비와도 같은 혜택이 심지어 죽은 사람과 아이들까지 미치고 있건만, 저의 군영은 유독 삭감당해 4천 호의 군민이 생계가 끊기고 살고자 하는 의지를 잃고 굳건한 마음이 없어져 물에 잠기는 배 안에 있는 것과 같습니다"라고 표현하였다. 어염세와 군역세로 운영 자금을 마련하던 통제영은 균역법 시행으로 상당한 어려움에 봉착했던 것 같다.

이에 따라 군현이나 수군진 등 지방 기관은 재정을 만회하기 위해 여러 가지 방안을 마련할 수밖에 없었다. 이 중 가장 보편적인 방안이 역설적으로 군역세 수취를 늘리는 것이었다. 물론 이 방식은 균역법의 취지를 거스르는 것이었지만 재정 문제에 봉착한 지방 기관이 택할 방법은 제한적이었다. 당시 군역 수취를 늘리는 방식은 ① 군역자 1인당 수취를 늘리는 방안, ② 군역자 수를 증대하는 방안 등 두 가지가 있었다. 이 중에 ①번 방안은 균역법 시행으로 더 이상 논의되기 어려웠다. 그러므로 지방 군현에서는 ②번 방안을 적극적으로 활용하고자 하였다. 즉 군역의 숫자를 늘려 여기서 충원된 사람들에게 군역세를 거두어 군현의 재정에 보태 쓰자는 것이 이들의 생각이었다.

이러한 방식으로 늘린 군역자를 사모속私募屬이라고 한다. 사모속으로 인해 군역자의 숫자는 이전보다 더욱 늘어났다. 전라도 임실 소속 군역자는 18세기 중엽에 2700여 명이었다. 그런데 그 숫자는 점차 증가해 19세기 후반에는 4천여 명에 이르렀다.[37] 19세기의 유명한 경세가인 다산 정약용은 이 문제에 대해 "군포 1필이 감해져서 백성들의 형편이 다소 펴진 것 같지만, 군인으로 선발하는 인원수(첨정簽丁)가 해마다 증가하게 되었다. 군포를 내는 군인은 숙종 초년에 30만 명이었는데 균역법을 시행하였을 때는 벌써 50만 명에 달하였다. 『양역실총』에 실린 내용을 보면, 큰 군현은 혹 수만에 이르고 작은 고을이라도 천이 넘었다. 한양에 내는 것 이외에도 순영·병영의 군사, 해당 읍에서 번에 제외된 군사, 모든 창고와 모든 관청에서 사사로이 모집한 군사, 학궁學宮·서원의 보솔保率, 사령使令·관노官奴의 보인, 경주인京主人의 보솔 … 등 기괴한 명칭이 생겨 지금까지 이르고 있다. 만약 조선 정부에서 강직하고 명철한 어사를 보내 공사의 온갖 잡색 군사를 조사하여 하나도 빠지거나 숨기

는 일이 없게 한다면, 팔도의 통계 숫자는 반드시 수백만 명도 넘을 것이다"라고 설명했다.[38]

이러한 비판을 살펴보면, 17세기부터 지적되기 시작한 '군다민소' 상황이 개선되기는커녕 더 나빠졌다는 사실을 알 수 있다. 중앙 및 지방 관청에서는 각종 군역자 항목을 만들어 지방에 부과하여 재정을 보충하고자 했지만, 정작 지방 군현에서는 군역자 부족에 시달렸다. 중앙의 수요를 충족해야 했던 수령은 가짜 이름을 군역 관련 장부에 등재하는 일이 늘어났다. 이러한 현상을 '군역 장부의 허부화虛簿化'라고 표현한다.

가짜 이름 등재는 주로 당시의 대정代定 과정에서 일어났다. 대정은 본래 군역자가 군역에서 이탈하면, 그 군역자를 대신해 다른 사람을 채우는 것이다. 예컨대, 어영청 자보 송○○의 나이가 60이 되었다고 하자, 조선에서는 60세까지 군역 충원을 하는 것이 원칙이었기 때문에, 이 사람은 별다른 일이 없으면 군역에서 이탈할 것이다. 이렇게 나이에 따라 군역에서 이탈하는 것을 노제老除라고 한다. 이렇게 노제가 되면 군현에서는 관련 문건을 작성하고 이 자리를 다른 사람으로 채워야 했다. 이 외에도 군역자가 갑자기 사망하거나 도망가더라도 대정을 해야 했다.

이 대정은 군현에서 일상적으로 하는 업무였다. 그런데 문제는 군현의 군역자 수가 인구수에 비해 너무 많이 늘어나자 다른 사람을 대신 충원하는 것이 쉽지 않았다는 것이었다. 이로 인해 어린아이나 이웃을 군역에 대신 충원하는 일이 더욱 늘어났다. 그것이 어려우면 가짜 이름을 사용해서 일단 중앙에서 요구하는 군역자 숫자를 맞추어 놓고 그다음에 적합한 군역자를 찾아보는 일도 일어났다. 이러한 상황을 이용하여 유력자가 군역에 이탈하기 위해 향리에게 뇌물을 주고 가짜 이름을 대신 기록하는 일도 벌어졌다. 가짜 이름의 등재를 일정 부분 인정해 주자는 다산 정약용의 주장은 이러한 상황에서 비롯된 것이다.

이렇게 대정 과정에서 가짜 이름 등재가 확산되자, '문서'에 기록된 군역자 수에 비해 '실제' 군역자 숫자가 줄어드는 현상도 심각해졌다. 그런데도 도성 삼군문이나 병영·수영 등 지방 군대는 서류에 기록된 군역자 숫자에 맞추어서 책정된 군역세를 그대로 가져갔다. 또한 군현은 자신의 군역세 수입을 줄이기도 쉽지 않았다. 그 결과 군현의 군역세 부담은 이전보다 오히려 커졌다. 군역세 부담이 더 이상 견디기 어려운 상황에 이르게 되자 군현에서는 이른바 '공동납'이라는 것이 유행하게 된다. 이는 기존에 군역세를 내지 않았던 양반들이 마을에서 내는 군역세의 일부를 보조해 준 것이다. 이를 '동포제洞布制'라고 하는데, 이 동포제는 이후 호포제로 변화하게 된다.

훈련의 축소와 노동의 증가

군문의 수입 감소와 인력 수급의 어려움은 훈련 시행 양상에도 반영되었다. 특히 중앙군보다는 지방군에서 변화 양상이 두드러진다. 다음은 기존의 연구 성과를 참조하여 현종 대부터 정조 대까지 충청도와 전라도의 지방 육군의 훈련 정지 비중을 도표로 작성한 것이다.

도	충청도				전라도			
계절	봄		가을		봄		가을	
형태	합동훈련	영장순력	합동훈련	영장순력	합동훈련	영장순력	합동훈련	영장순력
현종	46.7%	6.7%	53.3%	20.0%	40.0%	6.7%	53.3%	20.0%
숙종·경종	44.0%	26.0%	26.0%	12.0%	38.0%	24.0%	28.0%	12.0%
영조	78.8%	51.9%	40.4%	55.8%	80.8%	57.8%	36.5%	55.8%
정조	95.8%	58.3%	91.7%	62.5%	91.7%	58.3%	87.5%	62.5%

표 3　속오군 훈련의 정지 비율

김우철, 『朝鮮後期 地方軍制史』 경인문화사, 2000과 송양섭, 「균역법의 실시와 군역제 운영」 육군군사연구소, 『한국군사사 8: 조선후기 II』 육군본부, 2012, 299쪽을 참고해서 작성하였다

전술한 바와 같이 지방군의 훈련은 1년에 두 차례에 걸쳐 행해졌다. 이 훈련을 하기 위해서는 국왕의 재가가 있어야 했다.

국왕은 그해 훈련의 형태와 실시 여부를 결정할 수 있는 권한이 있었다. 이 표는 전체 해야 하는 훈련 횟수 중에 국왕이 정지 결정을 내린 횟수의 비중을 보여 준다. 물론 국왕의 결정이 정지로 내려졌다고 하더라도 훈련이 행해지는 사례도 있었다. 훈련 정지 명령이 훈련 도중에 도착해서 훈련을 갑자기 정지하기 어려웠던 사례가 있는 것이다. 그렇다고 하더라도 전체적인 추이를 살피는 데는 큰 문제가 없어 보인다. 이 비중을 살펴보면, 후대로 내려올수록 훈련이 정지되는 비중이 점차 증가되고 있었음은 분명해 보인다. 특히 정조 대에 이르면, 지방 육군의 훈련 정지 비율이 90%대로 상승했다. 즉 규정상 훈련을 열 번 해야 한다면, 아홉 번은 훈련을 정지한 것이다.

이는 지방군의 다른 형태인 수군도 마찬가지였다. 수군 훈련인 수조는 1년에 두 차례 열렸는데, 숙종 연간에는 정지 비율이 56%였다. 하지만 이 비중은 점차 늘어나 영조 대에는 76%, 정조 대에는 84%, 순조 대에는 88%, 헌종 대에는 98%, 철종 대에는 100%에 이르렀다.[39] 즉 철종이 집권하는 기간에는 한 번도 수군 훈련을 한 적이 없었던 것이다. 또한 수군 훈련의 시행 여부를 묻는 국왕에의 보고는 점차 형식적으로 변해 갔다. 17-18세기만 하더라도 훈련의 시행 여부를 두고 상당한 논쟁이 있었다. 이러한 논쟁은 훈련의 결정 과정이 신중하게 이루어졌음을 의미한다. 이에 비해 19세기에 접어들면 이러한 논쟁이 기의 자료에 나오지 않는다. 이는 훈련에 대한 보고와 결정 과정이 상당히 형식화되었음을 의미한다.

합동조련, 영장순력, 수조 등은 관문취점(官門聚點) 혹은 영문취점(營門聚點)으로 대체되어 갔다. 취점은 모여서 점검한다는 뜻에서도 알 수 있듯이 인원 점검만 하는 것을 의미한다. 이렇게 되면서 훈련하지 않는 군역자들은 주로 노역에 동원되었다. 제언(堤堰)에 대한 수축은 군인이 빈번하게 동원되는 업무였다. 당시 1820년(순조 20) 충청도의 훈련 실태를 살펴보자.

현황	충청도 군현
제언 축조	목천(木川)·진천(鎭川)·직산(稷山)·온양(溫陽)·평택(平澤)·면천(沔川)·당진(唐津)·한산(韓山)·서천(舒川)·옥천(沃川)·영동(永同)·황간(黃澗)·청산(靑山)·문의(文義)·청안(淸安)·제천(堤川)·충원(忠原) 등 17개 군현
관문취점	천안(天安)·전의(全義)·홍양(洪陽)·보은(報恩)·회인(懷仁)·괴산(槐山)·연풍(延豐)·청풍(淸風)·단양(丹陽)·영춘(永春)·음성(陰城) 등 11개 군현

표 4 충청도 제언 축조 및 관문취점 현황
出典: 『忠淸兵營啓錄』 1820年 2月 20日

당시 충청병사 조운구(趙雲逵)는 비변사의 결정을 근거로 관문취점을 하되, 제언이 있는 군현에서는 제언 수축을 할 수 있도록 지시했다. 즉 이 지시는 관문취점을 원칙으로 하되 제언 수축을 할 군현은 자체 판단에 따라 하라는 것이었다. 이에 대해 점고를 하고 제언 축조를 한 군현은 17개 군현이었고, 관문취점을 한 군현은 11개 군현이었다. 이를 통해 지방군이 점차 '노역부대'화 되고 있었음을 알 수 있다.

그렇다고 하더라도 이들의 군사적인 기능이 완전히 상실된 것은 아니었다. 지방군은 여러 민란에 동원되었다. 홍경래의 난은 1811년(순조 11) 12월부터 1812년(순조 12) 4월까지 5개월 동안 평안도에서 지속되었던 민란이다. 이 반란에서 평안도의 지방군은 민란 진압에 상당한 활약을 했다. 평안도 후영의 영장이었던 윤욱렬尹郁烈은 반란군 선봉장의 사기를 꺾고 아군의 대열 이탈을 막는 데 큰 공적을 세웠다. 1862년, 경상도·전라도·충청도 일대에서 일어난 민란인 임술민란 때도 마찬가지였다. 뇌물 사건으로 파직될 위기에 있던 공주영장 이종식李種植은 공주 지역 민란의 주동자를 잡고, 백성들을 염탐하는 데 공적을 세웠다는 이유로 사면을 받았다. 전라도에서는 민란을 진정시킬 목적으로 파견된 관리인 안핵사按覈使가 나주영장과 함께 함평으로 가서 주모자를 색출하려고 하기도 하였다. 이들 지방군은 이처럼 19세기에 발발한 민란에서 반란군의 선봉을 격퇴하거나, 백성들을 염탐하여 민란의 주동자를 잡는 데 활용되었다.[40]

향촌 방위 강화 방안의 대두

　19세기에 접어들면서 조선의 군대는 급격히 약화하기 시작했다. 특히 지방군의 훈련 정지와 노역 동원이 상시화됨에 따라 지역 방위가 위태로워지고 있었다. 이와 같은 상황에서 서양 배들이 조선 해안에 하나둘씩 나타나기 시작했다. 이 배를 '모양이 다르다'라는 의미에서 이양선異樣船이라고 한다. 이 이양선은 당시 조선이 보유한 군선인 판옥선과 비교되기 어려울 정도로 크고 성능도 우수했다. 한편으로는 서양 종교인 천주교도 점차 그 교세를 넓혀 갔다. 천주교는 당시 조선의 통치 이념인 유학을 근본적으로 흔들 수 있다는 점에서 유교 국가인 조선에 큰

그림 21 『민보의』, 서울대학교 규장각한국학연구원 소장

위협이 되었다. 일부 지식인은 천주교를 수용했지만, 지식인들 대부분은 천주교에 대해 부정적이었다.

이에 따라 일부 실학자를 중심으로 해서 자신의 지역을 스스로 방어하는 방안이 강구되었다. 이러한 방안으로 강구된 것 중 하나가 바로 향촌에 민보를 설치하자는 제안이었다. 이 민보는 유명한 실학자 다산 정약용에 의해 제안되었다. 그의 주장은 간단하다. 평화로울 때 요충지에다 미리 보堡라는 군사 시설을 설치하고 군사 조직을 만들었다가 전쟁이 일어나면 이곳으로 대피하고 방어 거점을 만들어야 한다는 것이었다.

그는 보를 쌓을 때 여러 가지 주의 사항을 언급했다. 이를 몇 가지만 언급하면 다음과 같다. ① 보는 작을수록 견고하고 곡선형일수록 방어에 유리하다. ② 반드시 치성雉城을 쌓아야 한다. ③ 성의 담장(垣) 규모는 아래쪽이 3.7m, 위쪽이 1.8m, 높이가 7.2m가 되어야 한다. 적대敵臺의 높이는 약 9m가 되어야 한다. ④ 돌과 흙을 섞어서 축성하지 말아야 한다. ⑤ 토성을 축성할 때 그 흙은 점성이 있는 것이 좋으며 산모래(山砂)를 섞어서 쓰면 더욱 견고하다. 토질이 좋지 않을 때는 목주로 골격을 만들어 넣고 축조해야 한다.

이렇게 보를 쌓고 나면 병력을 확보해야 한다. 이 병력을 정군丁軍이라고 한다. 정군은 향촌 내 16세부터 55세까지의 모든 남자가 편성되는 것이 원칙이다. 다만 신체 불구자나 병약자 등은 면제가 허가되었다. 이렇게 모은 정군을 지휘할 수 있는 간부 조직도 있어야 했다. 이를 살펴보면 다음과 같다.

보장堡長: 민보 내 모든 사람의 관리 감독 및 질서 유지 등의 책임자
보총堡總: 군비나 전투 등 군사 업무 담당
보리堡吏: 민보 내 행정 업무 담당
관고管庫: 민보 내 재산 출납 및 식량 관리 담당
감작監作: 무기(軍器) 제조 및 수리 담당
장약掌藥: 민보 내에 약무 담당

민보의 군사 조직은 보장을 중심으로 구성되었다. 이를 바탕으로 군사, 행정, 재정, 무기, 약무 등 전쟁을 수행할 때 봉착하는 주요 업무에는 각각 담당자를 두었다. 이들 간부로는 해당 업무에 능숙한 자를 선출하도록 하였다.

전란이 발생하면 향촌에 거주하는 사람은 모두 민보로 들어와야 했다. 그 후부터는 엄격한 군율에 따라 통제된다. 먼저 입보를 한 직후에 모든 백성은 가져온 식량을 보장에게 맡긴다. 보장은 일정량씩 철저하게 분배해야 했다. 그리고 하루에 한 되(升) 이상의 식량을 받을 수 없도록 했다. 백성들이 너무 많은 양

을 한꺼번에 받으면 나중에 식량 부족 등의 문제가 생길 수도 있기 때문이었다. 민보에 들어온 백성들은 노역에도 동원된다. 그러므로 노역에 동원할 때 여러 가지 문제를 방지하기 위해 신분의 귀천과 성별을 고려해서 편성하고 노동의 강도를 조정해야 한다고 하였다. 이는 기거를 할 때도 마찬가지였다.

민보를 효율적으로 운영하기 위해 상벌제도 도입하였다. 전쟁할 때 공이 있는 자나 곡식을 헌납하는 등 민보의 운영에 이바지한 자 등이 그 대상이 되었다. 포상의 상품은 직첩의 제수, 면천이나 면역, 토지 등 다양했다. 또한 민보의 군율을 어긴 자는 보총堡總이, 민사 관련 규율을 어긴 자는 보장堡長이 처벌하게 했다. 처벌의 방식은 곤장이나 매질 등이 있었다. 그 이상의 처벌이 필요한 큰 죄는 지방 수령에게 조치하도록 하였다.

이렇듯 정약용의 민보 설치 주장은 당시 국방력이 약해지는 상황 속에서 민간에서 자신들을 어떻게 보호해야 하는지에 대한 고민이 녹아 있다. 이 방안은 이후 조선의 재야 지식인들 사이에서 널리 검토되었다. 이후 진주 농민 항쟁(1862), 병인양요(1866) 등이 발발하여 대내외적으로 안 좋은 상황 속에서 당시 훈련대장으로 재임하던 신헌申櫶은 1867년(고종 4), 정약용의 『민보의』를 계승해 『민보집설民堡輯說』이라는 책을 저술한다. 당시 군대의 가장 고위직인 훈련대장이 민보 관련된 서적을 썼다는 점을 고려해 보면, 이 민보는 서세동점의 시대에 새로운 방어 체제의 대안으로 등장했음을 알 수 있다. 하지만 이러한 향촌 자위 방안은 실현되지 못한 채 조선은 제국주의 세력의 침입에 직면했다. 조선 정부는 이에 대응해 교련병대나 근대 군함 도입 같은 근대 군대의 창설에 노력했지만, 이러한 시도는 모두 실패 하였다. 결국 조선은 일본 제국주의의 식민지가 되었다.

나오는 말

　문치주의 국가로 알려진 조선에서도 군대를 유지하기 위해 여러 가지 노력을 했다. 군대는 국가를 지탱하는 최후의 보루라는 점을 당시 위정자들도 충분히 알고 있었다. 하지만 군대의 강화에는 비용이 너무 많이 들어서 백성의 부담을 늘리는 문제를 수반했다. 이러한 군대의 강화와 백성의 부담 감소는 서로 모순되어 양립할 수 없는 가치인 듯 보인다. 현물경제 체제라는 당시 상황 속에서 조선 정부는 이 두 가치를 적정히 조정하는 식으로 군대를 설계했다.

　조선은 중앙군과 지방군으로 군을 나누어서 운영했다. 중앙군은 국왕을 보호하고 경호하는 업무를 한 반면, 지방군은 영토 보존, 향촌 자위 등을 주요 업무로 하였다. 하늘에서 천명을 받은 국왕이 다스리는 조선의 통치 구조를 고려해 보면, 조선 군대에서는 중앙군이 중요할 수밖에 없었다. 조선 전기 중앙군은 오위였고, 지방군은 영진군과 수군이었다.

　이렇게 설계된 조선의 군대는 임진왜란이라는 미증유의 전란으로 크게 변모하였다. 조선의 군대가 일본군에 취약하다고 느낀 당시 위정자들은 절강병법이라는 새로운 전법을 도입해서 이를 개선하고자 했다. 이를 바탕으로 오군영을 설치해서 기존의 오위를 대체했고, 속오군을 편성해 영진군을 대체했다. 그렇다고 오위가 없어진 것은 아니었다. 이들은 군사적 기능을 상실했지만, 군역세를 내는 존재가 되어 병조 소속 군병이 되었다.

군대에는 많은 인력이 필요했다. 조선 정부는 병역 의무를 부세의 하나로 16-60세의 양인 남자에게 부과했다. 군역의 형태를 결정하는 것은 호수-보인제였다. 호수는 군대에 가고 보인은 군대 비용을 댄다는 이 원칙은 조선 고유의 방식이었다. 조선이 이러한 방식을 만든 이유는 군대에 가는 호수에게 대가를 마련해 주어야 한다는 점과 현물경제 사회에서 국가의 물류 시스템이 취약하다는 점 때문이었다. 이와 같은 호수-보인제는 임진왜란 이후 일부 병종에서는 무너졌고 일부 병종에서는 변형되어 유지되었다.

그 결과 조선의 군역자는 군대에 가는 사람과 군역세를 내는 사람으로 구분되었다. 군대에 복무하는 군역자는 다양한 방식으로 근무를 섰다. 장번으로 입역해서 직업군인으로 살아가는 사람도 있었고, 1년에 특정 기간만 근무를 서고 다시 집으로 돌아가서 생계에 종사하는 사람도 있었다. 이렇게 군대에 가는 방식을 다양하게 규정한 이유는 군대의 중요도를 구분하고 이에 맞추어 병력 동원 방식을 유연하게 적용해서 비용 절약과 군역 부담 감소 등을 도모한 결과였다.

군대에 간 군역자는 조선 군대의 구성원으로서 다양한 활동을 하였다. 이들은 여러 가지 훈련을 감당해야 했다. 특히 습진이라 불리는 훈련은 여러 훈련 중에서 가장 중요한 것이었다. 이 외에도 수도를 경비해야 했고, 왕의 경호도 이들에게 중요한 업무였다. 왕이 선대의 무덤인 능에 가거나 건강 회복을 위해 온천에 갈 때도 왕에 대한 경호를 지속해야 했다. 아울러 성곽 축조 등 각종 노역도 담당했다. 이들의 군대 생활은 힘들고 괴로운 것이었다. 전체 군역자 중에서 이들이 차지하는 비중은 많지 않았다.

군대에 가는 사람을 제외한 나머지 군역자는 군역세를 냈다. 하지만 이들이 내는 군역세 부담은 균일한 것이 아니었다. 또한 17세기에 군대가 계속 증설되면서 필요한 군역자의 숫자도 크게 늘었다. 이러한 군역의 불균등, 인구에 비해 과도한 군역 부과 등으로 인해 백성들의 불만은 커졌다. 군역제를 운영하기 어려울 정도로 문제가 커지자 조선 정부는 부담을 줄이고 균일화하는 방향으로 군역제를 개혁해 갔다. 한편에서는 호포·호전론을 비롯한 다양한 개혁론도 등장했다. 이러한 개혁론의 결정체는 바로 균역법이었다.

하지만 균역법은 다양한 지방 재원을 중앙으로 귀속시키는 결과를 낳았다. 이후 지방군의 훈련은 계속 정지되었다. 그리고 이들을 제언 축조 등 여러 노역에 동원하는 현상이 보편화되었다. 이에 따라 지방군은 '노역 부대'처럼 운영되었다. 이렇게 지방군이 약화하면서 조야에서는 향촌 방위를 지역민 스스로 하자는 민보 전략 등이 논의되기 시작했다. 하지만 이러한 논의가 충분히 성숙되기 전에 조선은 제국주의의 침략에 직면해야 했다.

조선은 군대를 재정과 밀접하게 연관시키는 방식으로 설계했다. 이는 농업이라는 저생산 산업을 기반으로 한 국가에서 막대한 재원을 원활하게 조달하기 위한 어쩔 수 없는 선택이었다. 조선 정부는 군역자의 부담을 줄이면서도 공평히 하는 것, 이것이 조선 군대를 유지해 갈 중요한 방법이라고 인식했다. 하지만 여러 가지 이유로 군역을 공정하게 부담하게 하는 것에는 한계가 있었다. 조선은 순차적이면서도 때로는 과감한 개혁을 통해 균등한 부담을 지우려 노력했다. 하지만 조선 정부의 의도와 다르게 그 효과는 반대 방향으로 가는 사례도 많았다. 이러한 공평이라는 원리가 무너졌을 때, 군역제도 무너지고 방위체제도 약화되었다. 조선이 식민지로 전락할 수밖에 없었던 이유는 물론 제국주의 세력의 무력이 강했기 때문이기도 했지만, 내부적으로 '공평한' 군역제가 무너졌기 때문이기도 했다.

1 　김우철,『朝鮮後期 地方軍制史』, 경인문화사, 2000, 10쪽.

2 　『승정원일기』 931책(탈초본 50책), 영조 17년 5월 1일; 987책(탈초본 54책), 영조 21년 6월 17일 등.

3 　송양섭,「지방군 개편과 지역방어체제의 정비」, 육군군사연구소,『한국군사사 8: 조선후기 II』, 육군본부, 2012, 67쪽,【지도 6-1】재인용

4 　정해은,「'만과'의 탄생」,『조선의 무관과 양반사회』, 역사산책, 2020, 85쪽.

5 　송기중,『조선 후기 수군 연구: 정책, 재정, 훈련에 관하여』, 역사비평사, 2019.

6 　윤훈표,「병력관리와 군수·통신 체제」, 육군군사연구소,『한국군사사 6: 조선전기 II』, 육군본부, 2012, 37-38쪽.

7 　송양섭, 앞의 글, 39쪽.

8 　『訓局謄錄』(K2-3400) 卷1, 戊辰 二月 二十八日.

9 　노영구,『조선후기의 전술:《兵學通》을 중심으로』, 그물, 2016.

10 　이 부분은 박금수,『朝鮮後期 陣法과 武藝의 訓練에 관한 연구: 訓鍊都監을 중심으로』, 박사학위논문, 서울대학교, 2013을 참조하였다.

11 　박금수, 같은 논문, 41쪽.

12 　李碩璡,『統營日記』(B90.19), 千七百十四年 八月 二十日.

13 　조준호,「영조대《수성절목》의 반포와 수도방위체제의 확립」, 이근호 외,『조선후기의 수도방위체제』, 서울학연구소, 1998 참조.

14 　『訓局燈錄』(K2-3401) 卷1,「都城字內」, "自敦義門北邊至肅靖門西邊共一千五百十四垜 合四千八百五十步城廊二十四處仁旺山絶險不築五處八十步無論間數多少類己一處將 一人軍二十名把守以戶料兵布改築."

15 　이왕무,「길례(吉禮)의 능행(陵幸)에 나타난 행행의 시대적 추이」,『조선후기 국왕의 능행 연구』, 민속원, 2016, 143쪽.

16 　『御營廳擧動謄錄』, 癸巳年 九月 七日, "大駕詣穆陵教是時 訓鍊都監砲殺手二百名及

御營軍兵四哨 挾輦 侍衛事 已爲磨鍊 啓下爲有在果 晝停所及 陵所扈衛乙良置 一依行
路扈衛例 訓鍊都監砲殺手則内行結陣爲白乎旀."

17 이왕무, 앞의 책, 248쪽.

18 이왕무, 같은 책, 277쪽.

19 조준호, 앞의 논문, 128쪽.

20 조준호, 같은 논문, 131쪽.

21 탁효정, 「훈련도감은 왜 북한산으로 갔을까」, 원창애 외, 『인정사정, 조선 군대 생활
사』, 한국중앙연구원출판부, 2017, 224-225쪽.

22 『현종개수실록』 1권, 현종 즉위년 6월 18일 정미.

23 정연식, 앞의 책, 45쪽.

24 이 양역변통논의에 대해서는 다양한 연구 성과가 개진되었다. 정만조, 「조선후기
의 양역변통논의에 대한 검토: 균역법 성립의 배경」, 『동대논총』 7, 동덕여자대학
교, 1977; 정연식, 『조선후기 '役摠'의 운영과 良役 變通』, 박사학위논문, 서울대학교,
1993; 정연식, 『영조 대의 양역정책과 균역법』, 한국학중앙연구원출판부, 2015; 송양
섭, 「균역법의 실시와 군역제 운영」, 육군군사연구소, 『한국군사사 8: 조선후기 II』, 육
군본부, 2012 등이 있다. 이 부분은 이 글들에 힘입어 작성되었다.

25 김종수, 앞의 책, 175쪽.

26 최근 논의에 따르면 호적에 등장하는 호는 그 현실을 반영하지 못했다. 이러한 호가
현실을 반영하지 못한다는 것은 단성 호적대장을 연구하는 과정에서 명백히 밝혀졌
다. 이에 대해서는 호적대장 연구팀, 『단성 호적대장 연구』, 성균관대학교 대동문화
연구원, 2003을 참조할 수 있다.

27 정연식, 앞의 책.

28 정연식, 같은 책, 32쪽.

29 송양섭, 「균역법의 실시와 군역제 운영」, 앞의 책, 252쪽.

30 정연식, 앞의 책, 105쪽.

31 정연식, 같은 책, 110쪽.

32 『萬機要覽』 「財用 3·軍官布」.

33 군향보는 본래 미 6두를 냈지만 독자의 이해를 돕기 위해 포목가로 환산해서 표기한다.

34 『均廳條劃』 「均役廳別單」.

35 송양섭, 「균역법 실시와 군역제 운영」, 앞의 책, 275쪽.

36 송기중, 「18세기 중엽-19세기 중엽 대외 정세의 긴장 완화와 수군 방위 태세 이완」, 『조선 후기 수군 연구: 정책, 재정, 훈련에 관하여』, 역사비평사, 2019, 335쪽.

37 송양섭, 「균역법 실시와 군역제 운영」, 앞의 책, 299쪽.

38 『牧民心書』 「兵典·六條·簽丁」.

39 송기중, 앞의 글, 374쪽.

40 지방군의 민란에서의 활약에 대해서는 서태원, 『朝鮮後期 地方軍制硏究: 營將制를 중심으로』, 혜안, 2001, 228쪽 참조.

김종수, 「17세기 軍役制의 推移와 改革論」, 『한국사론』 22, 서울대학교 인문
　　　대학 국사학과, 1990.

　　　, 「訓鍊都監의 설립과 都監軍의 구성」, 『朝鮮後期 中央軍制 硏究: 訓
　　　鍊都監의 設立과 社會變動』, 혜안, 2003.

김우철, 「조선 후기 지방 군제의 성립」, 『朝鮮後期 地方軍制史』, 경인문화
　　　사, 2000.

김현동, 『17세기 어영청(御營廳)의 창설과 번상급료제(番上給料制)의 성립』, 석
　　　사학위논문, 고려대학교, 2020.

노영구, 『조선후기 병서와 전법의 연구』, 박사학위논문, 서울대학교, 2002.

　　　, 「임진왜란 초기 양상에 대한 기존 인식의 재검토: 화가산현립박물
　　　관 소장 〈임진왜란도병풍〉에 대한 새로운 이해를 바탕으로」, 『한국
　　　문화』 31, 서울대학교 규장각한국학연구원, 2003.

　　　, 「조선-일본전쟁(임진왜란·정유재란)과 군사제도의 변화」, 육군군사연
　　　구소, 『한국군사사 7: 조선후기 I』, 육군본부, 2012.

박금수, 『朝鮮後期 陣法과 武藝의 訓鍊에 관한 연구: 訓鍊都監을 중심으
　　　로』, 박사학위논문, 서울대학교, 2013.

박연호, 「仁祖-肅宗年間의 軍役과 校生考講」, 『정신문화연구』 28, 한국학중
　　　앙연구원, 1986.

송기중, 「17세기-18세기 전반 어영청 제정의 운영과 변화: 《御營廳舊式例》
　　　를 중심으로」, 『군사』 101, 국방부 군사편찬연구소, 2016.

_____,「균역법의 실시와 균역청의 병조 급대 시행」,『조선시대사학보』82,
　　　　조선시대사학회, 2017.

_____,『조선 후기 수군 연구: 정책, 재정, 훈련에 관하여』, 역사비평사, 2019.

송양섭,「지방군 개편과 지역방어체제의 정비」, 육군군사연구소,『한국군사
　　　　사 8: 조선후기 II』, 육군본부, 2012.

송찬식,「朝鮮後期 校院生考」,『朝鮮後期 社會經濟史의 硏究』, 일조각,
　　　　1997.

엄기석,『조선후기 황해도 詳定法 시행과 지방재정』, 박사학위논문, 동국대
　　　　학교, 2023.

윤희면,『朝鮮後期 鄕校 硏究』, 박사학위논문, 서강대학교, 1988.

이근호,「숙종대 중앙군영의 변화와 수도방위체제의 성립」, 이근호 외,『조
　　　　선후기의 수도방위체제』, 서울학연구소, 1998.

이연진,「인조-숙종대 교생고강(校生考講) 제도 연구」,『교육사학연구』23,
　　　　교육사학회, 2013.

이왕무,「능행시 시위(侍衛)와 궁궐의 숙위(宿衛)체제」,『조선후기 국왕의 능
　　　　행 연구』, 민속원, 2015.

이인복,「인조대(仁祖代) 교생고강(校生考講)의 정비와 실태: 경상도지역 일기
　　　　자료를 중심으로」,『대구사학』130, 대구사학회, 2018.

정만조,「均役法의 選武軍官: 閑遊者問題와 關聯하여」,『한국사연구』18, 한
　　　　국사연구회, 1977a.

_____,「조선후기의 양역변통논의에 대한 검토: 균역법 성립의 배경」,『동
　　　　대논총』7, 동덕여자대학교, 1977b.

정연식,『조선후기 '役摠'의 운영과 良役 變通』, 박사학위논문, 서울대학교,
　　　　1993.

_____,『영조 대의 양역정책과 균역법』, 한국학중앙연구원출판부, 2015.

정해은, 『조선의 무관과 양반사회』, 역사산책, 2020.

조원래, 「명군의 참전과 전세의 변화」, 『한국사』 29, 국사편찬위원회, 1995.

차문섭, 「금위영 연구」, 『朝鮮時代軍制研究』, 단국대학교출판부, 1993.

최영호, 「幼學·學生·校生考: 17세기 身分構造의 변화에 대하여」, 『역사학보』 101, 역사학회, 1984.

최주희, 「균역법 시행 전후 훈련도감(訓鍊都監)의 재원확보 양상」, 『역사와 현실』 102, 한국역사연구회, 2016.

최효식, 「용호영」, 『조선후기 군제사연구』, 신서원, 1995.

탁효정, 「훈련도감은 왜 북한산으로 갔을까」, 원창애 외, 『인정사정, 조선군대 생활사』, 한국중앙연구원출판부, 2017.

한명기, 「명군 참전과 정치적 영향」, 『임진왜란과 한중관계』, 역사비평사, 1999.

호적대장 연구팀, 『단성 호적대장 연구』, 성균관대학교 대동문화연구원, 2003.